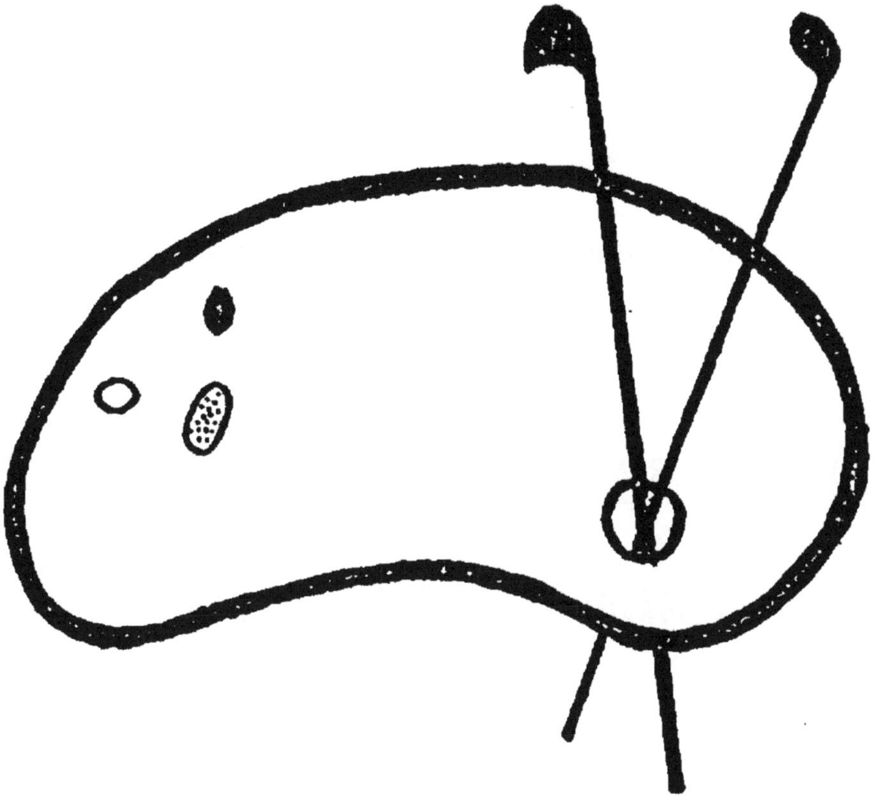

COUVERTURE SUPERIEURE ET INFERIEURE
EN COULEUR

La revanche de la France, par le travail, les besoins et les intérêts organisés.

SUITE

DES

GRÈVES DE 1880

LETTRE ET DOCUMENTS CORPORATIFS ET FÉDÉRATIFS

SUIVIS D'ÉTUDES CORRÉLATIVES SUR LES SOURCES

DU MENSONGE

SUR LA

RÉFORME DE LA MAGISTRATURE

ET

LA MAIRIE CENTRALE DE PARIS

AVEC UN ÉPILOGUE

Par J.-P. MAZAROZ.

À PARIS

CHEZ L'AUTEUR, BOULEVARD RICHARD-LENOIR, 94

22 SEPTEMBRE 1882

PRINCIPAUX OUVRAGES DU MÊME AUTEUR

ÉTUDE SUR L'OUVRIER DES VILLES

E. LACROIX. — Janvier 1862.

HISTOIRE DES CORPORATIONS FRANÇAISES D'ARTS ET MÉTIERS

DENTU, 1873. — Deux éditions.

L'ORGANISATION DE LA RÉPUBLIQUE DES TRAVAILLEURS.

A. CHAIX, 1876.

LA CORPORATION DES ORFÈVRES FRANÇAIS

DENTU, 1875.

BILAN FINANCIER DE LA FRANCE

Trois éditions : 1878, 1879, 1880. — CHEZ L'AUTEUR.

DESTRUCTION DU PHYLLOXERA

DANGER DU SULFURE DE CARBONE, EFFICACITÉ DES ENGRAIS MINÉRAUX ET VÉGÉTAUX MÉLANGÉS

CHAIX, 1879.

LA FRANC-MAÇONNERIE RELIGION SOCIALE

CHEZ L'AUTEUR, 1880.

ACTE DE SOCIÉTÉ DE LA FAMILLE PROFESSIONNELLE

CHEZ L'AUTEUR, 1881.

LES CABALES DE LA POLITIQUE

ET DES POLITICIENS LAÏQUES ET RELIGIEUX

CHEZ L'AUTEUR, 24 Février 1882.

CONFÉRENCE DE DROIT SOCIAL

CHEZ L'AUTEUR, 5 Juin 1882.

F. AUREAU — IMPRIMERIE DE LAGNY

SUITE

DES

GRÈVES DE 1880

SUIVI D'ÉTUDES CORRÉLATIVES

F. AUREAU. — IMPRIMERIE DE LAGNY

La revanche de la France, par le travail, les besoins et les intérêts organisés.

SUITE

DES

GRÈVES DE 1880

LETTRE ET DOCUMENTS CORPORATIFS ET FÉDÉRATIFS

SUIVIS D'ÉTUDES CORRÉLATIVES SUR LES SOURCES

DU MENSONGE

SUR LA

RÉFORME DE LA MAGISTRATURE

ET

LA MAIRIE CENTRALE DE PARIS

AVEC UN ÉPILOGUE

Par J.-P. MAZAROZ.·.

A PARIS

CHEZ L'AUTEUR, BOULEVARD RICHARD-LENOIR, 94

24 AOUT 1882

Corporation des Fabricants de meubles sculptés de la ville de Paris

---

SUITE DES GRÈVES DE 1880

A Messieurs les patrons et ouvriers des industries de l'ameublement du département de la Seine

Messieurs,

C'est de la discussion que jaillit la lumière, voilà pourquoi je viens vous faire part des discussions et dissentiments qui viennent de se produire à nouveau entre les patrons et ouvriers des industries de l'ameublement parisien : — Je me fais un devoir de vous présenter ce compte-rendu suivi de quelques-uns de ses corrélatifs sociaux, parce que l'organisation professionnelle tentée entre les patrons et ouvriers de l'ameublement, représente le plus grand intérêt des travailleurs.

Au mois de mai 1880, une grève survint dans la profession du meuble sculpté de Paris, aussitôt les prétentions des ouvriers connues et la demande produite, quelques patrons du meuble sculpté adhérents à la Chambre syndicale de l'ameublement qui siégeait alors, rue de Lancry, n° 10, envoyèrent une délégation à M. Lemoine, Président, pour réclamer aide et protection de la Chambre au profit des patrons du meuble sculpté menacé d'une grève : — M. Lemoine repoussa purement et simplement la demande qui lui était faite en répondant, en substance, que l'aide demandée répandrait, si elle était accordée, la grève dans l'ébénisterie qui était tranquille et qu'en somme, les patrons du meuble sculpté étaient invités à sortir de là comme ils le pourraient.

Du reste, M. Lemoine fait à peu près toutes ses petites affaires commercialement, il n'a que très peu d'ouvriers chez lui, — il ne craint donc pas les grèves ; mais je suis convaincu que s'il avait été un véritable fabricant, il n'aurait pas agi comme il l'a fait.

Sur le refus de M. Lemoine, les patrons de la menuiserie artistique du meuble se réunirent en m'invitant à assister à leurs séances : — Chacun sait que notre corporation a concilié les différends qui venaient de s'élever entre les patrons et ouvriers par l'arrangement général du 14 juillet 1880, portant établissement d'une commission arbitrale mixte pour régler les différends. — Notre commission arbitrale mixte devait régler entre l'offre et la demande tous les différends en plus ou en moins qui se produiraient sur les meubles nouveaux, comparés à ceux prévus dans *des tarifs d'ateliers*, convenus solennellement dans les articles 5 et 7 de notre arrangement général.

Voici le libellé de notre contrat professionnel.

CORPORATION DES FABRICANTS DE MEUBLES SCULPTÉS

DU DÉPARTEMENT DE LA SEINE

ARRANGEMENT GÉNÉRAL DES PATRONS & OUVRIERS

Conventions pour l'organisation et la conciliation des intérêts communs et professionnels des patrons et ouvriers en meubles de la ville de Paris.

ARTICLE PREMIER. — La paye sera faite dans chaque atelier selon les habitudes ou à quinzaine, au choix des parties.

Partout où la paye se fera toutes les quatre semaines, les acomptes seront réglés ainsi :

Première semaine : 25 francs }
Deuxième semaine : 30 francs } pour le travail à l'heure
Troisième semaine : 35 francs }

de façon à ce que la moyenne des acomptes représente 5 francs par jour de travail de dix heures, c'est-à-dire environ les trois quarts de la valeur du travail fait.

Pour le travail aux pièces, les meubles pourront être payés aussitôt terminés et les acomptes ne pourront jamais dépasser les deux tiers du travail fait.

ART. 2. — Une commission mixte composée de 9 patrons et 9 ouvriers nommés en séances corporatives, dont 3 patrons et 3 ouvriers de chaque grande spécialité de la profession, formera 3 sections de 3 ouvriers et 3 patrons chacune, qui pourront être convoqués pour régler les différends après les travaux terminés, et cela à titre d'arbitrage volontaire accepté solidairement d'ores et déjà par la corporation entière des patrons et ouvriers menuisiers en meubles de la ville de Paris.

Les Commissions mixtes fonctionneront à deux, quatre ou six membres, selon l'importance des expertises ; elles seront renouvelées pour les deux tiers tous les trois mois dans chaque assemblée, et cela par tirage au sort.

Les syndics sortant ne sont rééligibles qu'après trois mois de vacances. Les trois syndics patrons restant et les trois syndics ouvriers sortiront de droit le trimestre suivant, si bien que, sauf le premier trimestre, il n'y aura jamais que trois membres sortants à tirer au sort, tant patrons qu'ouvriers.

Chaque commission mixte spéciale nommera son secrétaire.

Art. 3. — De même que les Prud'hommes, les sections de la Commission mixte auront à apprécier, après travaux finis, la valeur entre l'offre et la demande du patron et de l'ouvrier, qui auront eu lieu avant la mise en main du travail.

Art. 4. — Après 60 heures de travail par semaine, le compagnon pourra réclamer 50 pour 0/0 en plus pour les heures supplémentaires demandées par le patron et qui commenceront à compter après l'heure habituelle de la fermeture des ateliers.

Art. 5. — Les prix payés actuellement aux pièces seront répartis à l'amiable entre patrons et ouvriers, selon la valeur véritable des travaux. La base de la répartition en plus ou en moins sera établie sur le prix de 0 fr. 75 c. l'heure de travail reconnue par le Conseil des Prud'hommes, comme devant être gagné par un compagnon et aux conditions ci-après.

La déclaration sera faite au Conseil des Prud'hommes et au Préfet de la Seine, ou à toute autre personne au choix des parties, par une lettre motivée signée des deux Commissions.

En un mot, il est accordé une augmentation de 20 pour 0/0 sur les prix du travail actuel, ce qui correspond parfaitement à l'augmentation demandée de 0 fr. 75 c. l'heure.

Art. 6. — La comptabilité des heures, des prix de façon des acomptes et du règlement sera faite sur les livrets en double, à chaque paye, dont l'un sera signé par le patron ou son employé et sera la propriété de l'ouvrier, et l'autre, signé par l'ouvrier, sera la propriété du patron.

Un livre de mise en main, contenant l'offre et la demande ou le prix convenu pour chaque travail entrepris, sera signé chaque fois par l'ouvrier et lui sera communiqué à chaque réclamation. — Après le travail fini, le prix définitif (*réglé par la Commission mixte s'il y a lieu*) sera inscrit et signé au bas de chaque engagement par l'ouvrier.

Dans chaque maison, les ouvriers pourront prendre copie du livre d'engagement, afin de l'avoir plus facilement à leur disposition pour se renseigner, et cela dans les ateliers seulement.

Art. 7. — En dernier lieu il a été convenu que, se basant sur les 20 p. 0/0 et les 0 fr, 75 c. de l'heure, ils seraient répartis en plus ou en moins sur les travaux, et cela à l'amiable, dans chaque atelier entre les ouvriers et les patrons.

Premier nota. — Les Commissions mixtes nomment elles-mêmes leurs tiers-arbitres pour se départager au cas de différends.

Deuxième nota. — Le Président de l'Assemblée des patrons et celui de l'Assemblée des ouvriers feront de droit partie de la Commission mixte : ce qui portera à vingt le nombre des membres de la Chambre syndicale des patrons et ouvriers du meuble de la ville de Paris.

A chaque séance générale, la chambre syndicale nommera son président ; en cas de partage des voix, la Chambre syndicale sera présidée de droit, deux fois et à tour de rôle par le président de l'Assemblée des patrons; puis, par celui de l'Assemblée des ouvriers.

Fait double et de bonne foi entre les deux parties de la Corporation du meuble de la ville de Paris.

Ont signé : Les Commissaires de l'Assemblée des patrons, qui se réunissent 13, rue Keller, Paris.

P. MAZAROZ, A. PAILLET, Mr ROBBEN,
J. LACHAISE, L. BARTHE.

Ont signé : Les Commissaires de l'Assemblée des ouvriers qui se réunissent au local de l'École professionnelle du Corps, 57, rue de la Roquette, Paris.

RENAUD, TESSON, JACOTIN, BUISSON,
DESOMBRE, GARCIN, BERTET,
PENJON, CAMENT, BLANCHARD.

Malheureusement, l'immense majorité des patrons du meuble sculpté n'établit aucun tarif dans les ateliers, si bien que la commission mixte convoquée chaque fois qu'il y avait un différend, était obligée d'estimer sans les bases conventionnelles que devait représenter le tarif de chaque atelier ; — en cette situation, les estimations devinrent peu à peu fantaisistes et arbitraires, si bien que nos ouvriers adoptèrent petit à petit le mot *estimation intégrale*, qu'ils substituèrent à celui *d'estimation conventionnelle.*

Les abus les plus graves se produisirent sous le couvert de cette fausse situation, protégée par les patrons et les ouvriers eux-mêmes, aveuglés sur leurs intérêts véritables. — Mises à l'index, refus de la signature convenue, expertises exagérées en vue du conseil des Prud'hommes qui coupe généralement la poire en deux, en jugeant entre les deux expertises ; — enfin, dissentiments de toutes sortes qui succédèrent aux rapports cordiaux qu'avait établi notre arrangement général de 1880.

***

De leur côté, les ébénistes avaient subi à leur tour une grève, que M. Lemoine pensait leur éviter en laissant les adhérents du meuble sculpté se débarbouiller seuls avec la leur.

Les ébénistes ont été puni de la faute commise par leur président qui avait abandonné les fabricants de meubles sculptés ; — en effet, l'heure moyenne de travail des ébénistes fut imposée à 80 centimes au lieu de 75 centimes qu'avaient obtenu les patrons du meuble sculpté : — Enfin, voyant les mises à l'index reprendre leur cours dans les années 1880, 81 et 82, — les syndics ébénistes revinrent à la solidarité que leur président avait rejeté au sujet de la grève du meuble sculpté de mai 1880.

Bref, les syndics ébénistes retrouvèrent dans les archives de leur chambre syndicale un projet de fédération des patrons de l'ameublement que j'avais rédigé en 1867, comme rapporteur d'une commission nommée à l'effet de combattre l'esprit de discorde qui enfante les grèves, — à l'époque où j'étais encore membre de la chambre syndicale de l'ameublement dont je suis l'un des fondateurs.

Je fus alors (*mars* 1882), gracieusement invité par de sympathiques confrères à collaborer à un projet de fédération à étudier sur mon rapport de 1867 ; en y ajoutant les conditions indispensables aux besoins du moment ; — mais je réfléchis aux principes fondamentaux sans lesquels aucune union n'est pas possible entre les deux intérêts différents du travail ; — c'est-à-dire entre les patrons et ouvriers de toute l'activité humaine ; — ces deux principes sont :

1° Les tarifs d'ateliers et généraux ;

2° La commission arbitrale mixte pour en protéger l'application.

Je me souvins également avoir été obligé, en 1874, de donner ma démission de membre de la Chambre syndicale de l'ébénisterie, parce que la majorité de cette Chambre avait repoussé le principe des commissions arbitrales mixtes que je leur proposais d'adopter.

Je me souvins également que depuis vingt ans je soutenais scientifiquement, historiquement et théoriquement l'union patronale et ouvrière basée sur les deux principes ci-dessus, et que vingt volumes et brochures publiés par moi contenaient sous ses multiples faces l'étude de cette colossale question, énigme des temps modernes.

J'eus donc peur d'avoir l'air de me déjuger moi-même, si je collaborais à l'établissement d'une fédération professionnelle dont la majorité adopterait le principe sacré de la défense de nos intérêts professionnels par la guerre, sans tenir compte des conventions préliminaires ; — aussi, je mis une seule condition à mon acceptation, c'était celle de l'adoption préliminaire et en principe des deux bases fondamentales de la conciliation professionnelle, indiquées en deux points ci-dessus.

Comme en 1874, je subis un refus, mais le refus de cette année fut tempéré par des promesses d'adoption de ces principes dans l'avenir, néanmoins, je ne crus pas devoir me contenter de promesses et je m'abstins ; — mais je ne fis aucune critique, je laissai aller les choses, certain que la véritable union patronale et ouvrière sortirait de toutes ces défaillances de l'intérêt privé affolé et mal entendu.

Beaucoup de patrons du meuble sculpté adoptèrent cette fédération incomplète de l'ameublement, parce qu'en résumé, elle représente une force de résistance ; — puis, quelques mois ensuite, la majorité de notre corporation du meuble sculpté dénonça dans les termes suivants notre arrangement général de 1880 à nos ouvriers, comme n'ayant pas accompli les conditions de paix professionnelle en vue desquelles il avait été consenti.

DÉNONCIATION PAR LES PATRONS AUX OUVRIERS

DE L'ARRANGEMENT GÉNÉRAL DU 14 JUILLET 1880

L'an mil huit cent quatre-vingt-deux, le onze août, à la requête de : 1° M LAURENDET, demeurant à Paris, rue du Faubourg-Saint-Antoine, n° 95; 2° M. ROBBEN, demeurant à Paris, rue du Petit-Muse, n° 26 ; 3° M. GOUMAIN, demeurant à Paris, rue de Charonne, n° 54 ; 4° M. DELILLIER, demeurant à Paris, rue des Vosges, n° 3 ;

Agissant au nom et comme membres de la Corporation des Fabricants de Meubles sculptés de la ville de Paris, et délégués spécialement aux fins des présentes par délibération de ladite corporation en date du huit août courant,

Élisant domicile en mon Étude,

J'ai, Désiré BELOUISE, huissier près le Tribunal civil de la Seine, séant à Paris, y demeurant, rue des Jeûneurs, n° 40, soussigné,

Dit et déclaré à MM. MARIA, DEMAYER, BELVERT, REIGNIER BORDET, MARTIN, MAIGNE, DESTOR et BOEL, au nom et comme délégués de la Corporation des Ouvriers en Meubles sculptés, au siège du Comité de ladite Corporation, à Paris, rue Popincourt, n° 10, où étant et parlant à la concierge de la maison, ainsi déclaré :

Que dans le but d'arriver à la conciliation de leurs intérêts communs professionnels, les patrons et les ouvriers en Meubles sculptés de la ville de Paris ont verbalement arrêté entre eux diverses conventions à la date du 14 juillet 1880;

Qu'ils ont décidé notamment que toutes les fois que le patron et l'ouvrier ne tomberaient pas d'accord sur le prix de la main-d'œuvre d'un meuble à exécuter, le travail n'en serait pas moins fait par l'ouvrier, et qu'une fois les travaux finis, une Commission mixte se prononcerait entre l'offre du patron et la demande de l'ouvrier qui auraient eu lieu avant la mise en main du travail ;

Qu'exagérant singulièrement les termes et l'esprit des arrangements du 14 juillet 1880, les ouvriers veulent obliger les patrons, par la mise à l'index, à subir l'expertise des travaux, même lorsque les prix ont été acceptés d'un commun accord avant le commencement du travail ;

Que, dans ces conditions, aucune conciliation ne peut avoir lieu par la Commission mixte, et que les différends d'entre les parties sont portés devant les Prud'hommes ;

Qu'il y a donc lieu de dénoncer des arrangements qui ne peuvent plus recevoir d'exécution et qui, au lieu d'entretenir entre les patrons et les ouvriers un esprit d'entente et de concorde, deviennent la cause de nombreuses difficultés ;

Pour quoi, et conformément à la délibération prise à l'unanimité par les patrons réunis en Assemblée générale extraordinaire le huit août courant, les requérants ès qualités dénoncent par ces présentes à la Corporation des Ouvriers en Meubles sculptés, en la personne de leurs délégués ci-dessus nommés, les arrangements du 14 juillet 1880, et déclarent qu'ils entendent ne plus en tenir compte à l'avenir.

A ce qu'ils n'en ignorent, je leur ai, en parlant comme dessus, laissé copie du présent.

Signé : BELGUISE.

Comme on le voit, la dénonciation des patrons du meuble sculpté ne parle pas des tarifs d'ateliers solennellement convenus dans l'article 7 de l'arrangement qu'ils dénoncent ; — et pourtant, l'absence de ces tarifs est la seule et unique cause des dissentiments survenus dans les expertises, que les patrons n'ont pas toujours soutenues avec la fermeté nécessaire.

Pour la clarté de cette relation, je pense utile de publier ci-dessous une réponse que je fis au secrétaire de la colonne ouvrière de notre corporation, qui me questionnait sur les désaccords existant entre les deux colonnes du meuble sculpté.

Paris, le 14 août 1882.

A Messieurs les membres du bureau de la Colonne ouvrière de la corporation des fabricants de meubles sculptés de Paris, 10, *Rue Popincourt.*

Messieurs,

Je reçois de M. Louis Porchet, votre secrétaire, une lettre du 11 courant qui me pose cette question :

« *Quelle sera la ligne de conduite de notre Colonne patronale,* » *et si, oui ou non, elle veut nous envoyer des experts patrons* » *lorsqu'ils seront convoqués?* »

Voici ma réponse :

Notre arrangement du 14 juillet 1880 a son article 7 ainsi conçu :

Art. 7. *En dernier lieu il a été convenu que, se basant sur les 20 0/0 et les 0,75 centimes de l'heure, ils seraient répartis en plus ou en moins sur les travaux et cela à l'amiable dans chaque atelier, entre les ouvriers et les patrons.*

Cette convention, esprit et base de notre arrangement général a été mise à exécution dans mes ateliers, un tarif d'atelier a été fait avec les augmentations convenues ; — puis, un registre où l'on écrit journellement les plus et les moins de chaque meuble exécuté, ainsi que les prix des nouveaux meubles faits avec le concours de la Commission d'atelier, que chaque ouvrier consulte pour faire les prix nouveaux.

Le moyen des tarifs d'atelier est tellement excellent que : — Depuis vingt-cinq mois la commission mixte n'a été convoquée que deux fois dans nos ateliers et jamais elle n'y a été refusée.

Malheureusement, peu d'autres patrons ont suivi mon exemple, mais j'ai cru bonnement pendant près d'un an que tout le monde avait fait comme moi.

Les ouvriers repoussaient de leur côté les tarifs d'ateliers, votre ancien secrétaire M. Lamothe me l'a écrit en toutes lettres.

Les patrons et les ouvriers ont donc généralement violé nos conventions loyalement faites.

Une fois ce regrettable parti pris de part et d'autre, il a été certain pour moi que la discorde reviendrait encore diviser les deux colonnes de notre corporation, si bien conciliées pourtant par notre arrangement général de 1880.

Pour parer à cet accident fatal, je poussai la corporation à l'exécution d'un tarif général de bases d'expertises et je parvins à faire comprendre aux patrons et aux ouvriers de notre profession que : — Puisque les professions du bâtiment ont des tarifs de vente et de façon qui évitent à peu près tous les procès, notre profession pouvait donc facilement avoir un tarif de bases par trois catégories, pouvant prévoir au moins

2

les quatre cinquièmes du travail dans les meubles de notre fabrication : — Ce tarif est commencé et même très avancé: MM. Robben, Dezandais, Goumain et Rancoule y ont travaillé bien des mois, mais des discordes préliminaires et des mises à l'index sont venues retarder ces louables efforts ; et pourtant:

Les tarifs d'ateliers, soutenus, protégés et légalisés par le tarif général, nous auraient dotés définitivement de la paix du travail.

La faute en est donc aux ouvriers aussi bien qu'aux patrons, qui refusent également de s'accorder des droits réciproques par des conventions préliminaires ; — ils préfèrent le hasard et les estimations parfois arbitraires après travail fait, alors que les passions sont surexcitées par l'intérêt privé.

Les politiciens persuadent aux patrons et ouvriers que l'absence de conventions préliminaires est ce qui constitue *la liberté du travail;* et moi, je viens vous dire que cela en est simplement *la licence.*

∴

Les tarifs d'ateliers sont toujours une bonne chose, mais ils ne peuvent représenter l'équité absolue qu'avec un arrangement général pour leur servir de base et une commission arbitrale mixte pour les homologuer et en protéger l'exécution.

Les commissions mixtes peuvent facilement produire l'arbitraire en l'absence de tarifs d'ateliers, c'est ce qui s'est produit partiellement dans notre corporation ; — dans laquelle les travaux ont augmenté peu à peu de valeur comme façons, en dépit de notre arrangement général ; — de telle sorte qu'un syndic ouvrier qui gagnait 20 francs par semaine autrefois, s'est vanté devant moi, M. Poujol et M. Boulanger, son contremaître, de gagner aujourd'hui 1 franc 75 centimes par heure, tandis que nos arrangements ne portent que 75 centimes.

Dans ces conditions, la concurrence étrangère aurait bientôt fait un tort irrémédiable à notre industrie nationale.

Ces augmentations se produisent petit à petit et n'ont pas de contrôle en l'absence de tarifs d'ateliers, ils ont indisposé tous les patrons, dont beaucoup ne pouvaient plus soutenir la concurrence, quelques-uns se révoltèrent et furent mis à l'index de par le droit du plus fort et en négation absolue de la conciliation convenue entre les deux colonnes de notre corporation en date du 14 juillet 1880.

Voyant cela, les patrons désertèrent de plus en plus l'assemblée patronale qui finit peu à peu par ouvrir et fermer ses séances devant sept à huit membres et quelquefois avec cinq : — Aussi, et par une réaction bien naturelle, une solide fédération des professions de l'ébénisterie et de l'ameublement se forma avec une caisse de résistance ; alors, presque tous nos patrons y adhérèrent pour voir protéger leurs intérêts professionnels, que notre corporation était impuissante à garantir avec sa commission mixte, privée de tarifs d'ateliers et d'un tarif général pour lui donner des bases solides et équitables (1).

Les expertises devinrent tellement facultatives que : — Beaucoup de travailleurs prétendent que l'ouvrier qui gagne bien sa vie ne réclame jamais; par suite, ceux qui réclament sont toujours dans le vrai ! *That is the question.*

Aussi, quelques ouvriers comptant sur la commission mixte et l'index travaillent plus irrégulièrement, pensant gagner autant en disant qu'ils n'ont pas sorti leurs journées; — du reste, les positions irrégulières comme était la nôtre peuvent engendrer tous les désordres et animosités possibles, car nous sommes vis-à-vis d'un arrangement professionnel qui n'a jamais été mis complètement à exécution.

(1) Le principe des conventions préliminaires n'ayant pas encore été admis par cette fédération, je n'ai pas pu en faire partie parce que cela aurait été contraire à l'esprit de tous les ouvrages socialistes que je publie depuis vingt ans.

Certain que c'est de l'union patronale et ouvrière que sortira l'émancipation définitive des travailleurs, je soutiens de toutes mes forces, depuis un an, le dévers qui se manifeste dans nos relations professionnelles ; — je ne veux pas vous rappeler ici tout ce que j'ai fait dans ce sens ; — je viens seulement constater que je n'ai pas été plus écouté des patrons que des ouvriers : — Enfin, le mécontentement général des patrons s'est manifesté à notre dernière séance mensuelle, dans laquelle un groupe de nos adhérents a fait demander une séance extraordinaire pour amender ou dénoncer notre arrangement général du 14 juillet 1880, comme n'ayant pu amener la conciliation dans nos relations de travail.

Cette séance extraordinaire eut lieu le 8 août, cette fois l'assemblée fut nombreuse ; — sans vous rendre un compte détaillé de ce qui s'y est dit, voici le procès-verbal résumé de la séance dont j'ai gardé le brouillon.

Assemblée extraordinaire du 8 *août* 1882

PRÉSIDENCE DE M. MAZAROZ

1° M ..... propose qu'une Commission de cinq membres soit nommée à l'effet de dénoncer l'arrangement général de 1880.

2° M ..... propose de dissoudre la corporation patronale du meuble sculpté ainsi que la Commission mixte qui en découle.

3° M ..... se rallie à la proposition de monsieur.....

4° M. Mazaroz propose un amendement et dépose dans ce

Nota. — Je raye les noms propres de ceux qui ont fait des propositions, par crainte de réclamations.

but un projet en onze pages dans les mains de M. Laurendet avec prière de le lire et de le faire discuter dans le sein de la nouvelle Société qui se réunit à la fédération, rue de la Cerisaie.

5° La dénonciation de l'arrangement de 1880 et la dissolution de la société ont été votées à l'unanimité.

Une Commission de cinq membres a été également votée pour mettre à exécution la dite décision.

Sont nommés.

MM. Laurendet	21	voix
Robben	21	—
Goumain	21	—
Delillier	21	—
Mazaroz	15	—

M. Mazaroz ayant présenté un projet d'amendement aux arrangements de 1880 décline de faire partie de la dénonciation pure et simple du dit arrangement bien qu'il ait été nommé par la majorité.

Le présent procès-verbal reconnu sincère et véritable par les membres du bureau soussignés.

Messieurs,

Je n'ai pas voté la dénonciation pour trois motifs :

1° Parce que j'étais le président.

2° Parce que je pense que notre arrangement peut fort bien devenir excellent avec les tarifs d'ateliers et généraux.

3° Parce que j'ai présenté un projet de fédération à titre d'amendement de notre arrangement général.

Par ces motifs, j'ai refusé de faire partie de la commission de dénonciation bien que j'aie été nommé le dernier par quinze voix.

Cette dénonciation vous sera donc faites juridiquement par

quatre commissaires délégués pour cela, avec les motifs à l'appui.

J'ai pris la liberté de vous donner tellement souvent des conseils au sujet de vos intérêts professionnels, que je n'ai plus rien de nouveau à vous dire à ce sujet, je ne puis que vous confirmer toute ma prose imprimée ou écrite que je vous ai adressée depuis quelques années sur ce motif si intéressant.

Ma lettre est un peu longue, mais j'ai cru devoir répondre complètement à la demande que vous m'avez faite par la vôtre du onze courant.

Veuillez agréer, messieurs et chers collègues, mes salutations les plus dévouées.

J.-P. MAZAROZ.

P. S. Par ma dernière lettre, je vous ai envoyé une copie du projet de fédération professionnelle que j'ai présenté aux patrons comme amendement à notre arrangement général du 14 juillet 1880 : — Je soumets ce document à vos délibérations.

MORALITÉ DU CONTENU DE LA PRÉSENTE LETTRE

Sans les conventions préliminaires sous forme de tarifs d'ateliers et généraux, les commissions mixtes professionnelles ne peuvent représenter que la bataille plus ou moins bien organisée entre les deux intérêts du travail; dans la dernière séance de notre commission arbitrale mixte un syndic ouvrier a démontré la vérité absolue de l'affirmation ci-dessus, en disant :

« *Je soutiens les prix de façon pour les autres, parce qu'en même temps je soutiens mes intérêts.* »

Or, dans une commission mixte bien organisée, les syndics ne doivent pouvoir soutenir que la vérité, mais pour cela, il faut qu'ils aient des bases sérieuses d'expertise dans des tarifs convenus à l'avance, sans cela, la vérité ne peut être qu'altérée.

EXEMPLE : Tout incomplets qu'ils sont, les tarifs de la ville de Paris représentent la seule organisation des intérêts professionnels qui maintienne à peu près solidement la paix entre les clients, les entrepreneurs, les tâcherons et les marchandeurs des industries du bâtiment, il serait très facile d'étendre ces bienfaits aux ouvriers :

Combien serait plus grande et plus bienfaisante la paix qui résultera de ces mêmes tarifs, lorsqu'ils seront établis par les intéressés eux-mêmes, patrons, architectes et ouvriers, sur les bases rationnelles de la valeur actuelle de l'argent.

EN UN MOT : Les tarifs professionnels représentent le plus important moyen pratique du progrès, ils protègeront tous les droits, anéantiront le paupérisme et assureront à tout jamais les relations d'intérêts des hommes.

Les tarifs professionnels devraient être la seule revendication publique et sociale que les ouvriers ont le devoir d'imposer aux candidats qui se présentent à leurs suffrages, parce qu'avec les tarifs professionnels, les ouvriers arriveraient en peu de temps à leur émancipation complète.

Les travailleurs comprendront-ils bientôt cette immense et bienfaisante vérité? Ils la comprendront lorsqu'ils sauront que l'intérêt de moment n'est qu'un traître et que l'intérêt du lendemain est le seul sérieux :

Lorsque les tarifs seront faits et en vigueur, le travail sera aux trois quarts organisé.

*
* *

De même que les documents précédents cette lettre démontre que : — Je fais mes efforts pour né jamais négliger une seule occasion de faire remarquer combien il est peu raisonnable de préférer le hasard des besoins du patron et de l'ouvrier, pour établir par la hausse ou la baisse les prix du travail, au lieu d'avoir de solides conventions préliminaires appelées industriellement les tarifs généraux et d'ateliers, — lesquels garantiraient équitablement les intérêts du patron et ceux de l'ouvrier, en les basant sur la valeur actuelle de l'argent.

Les choses en étaient là lorsque je reçus une invitation à une assemblée patronale du meuble sculpté dans les locaux de la nouvelle Fédération de l'ameublement, j'assistai à cette réunion qui eut lieu le 21 août 1882, dans laquelle j'appris une chose assez dure, c'est qu'il était impossible de faire partie de la corporation professionnelle de sa spécialité, sans être adhérent à la Fédération et que, dans ce but, le titre primitif de *Fédération de l'ameublement* venait d'être remplacé par celui de *Chambre syndicale de l'ameublement;* — par ce moyen, les spécialités professionnelles de l'ameublement deviennent de simples branches de la chambre de l'ébénisterie qui est la plus nombreuse et qui, par conséquent, est certaine d'imposer toujours à l'ameublement les volontés de ses chefs.

Ce moment n'était donc pas bien choisi pour me renouveler une dernière fois l'invitation de devenir adhérent de la nouvelle fédération ; — pourtant, notre excellent collègue, M. Drouard, prit la parole dans ce but, en me disant dans un discours longuement motivé que l'on retrouvera en entier sur le procès-verbal que : — Étant l'initiateur de l'union professionnelle et l'auteur du rapport de 1867, sur lequel avaient été libellés les statuts de la nouvelle fédération, j'avais l'obligation d'y adhérer et d'en faire partie ; — que jusqu'ici je m'étais échappé à l'accomplissement de ce devoir malgré toutes les invitations, qu'en agissant ainsi je démontrais le refus de mettre en pratique toutes les belles théories contenues dans mes ouvrages, etc., etc.

Les reproches de M. Drouard, très flatteurs du reste, furent laissés sans réponse catégorique par moi, car je sais par expérience que des questions aussi graves traitées sans étude préliminaire sont toujours appelées à ne pas convaincre leurs auditeurs : — Mais ces reproches publics demandent une réplique que j'ai déjà faite en partie dans le cours de cette lettre, et que je viens compléter par la critique des statuts de la Fédération de l'ameublement : — Je fais cette critique afin de démontrer bien clairement les sérieuses raisons qui ont motivé ma conduite.

Pour la clarté de mes explications, je commence à publier ci-après :

1° Les statuts actuels de la Fédération de l'ameublement, qui viennent néanmoins de perdre le titre si français de *fédération*.

2° Ces mêmes statuts amendés par moi, avec mes rectifications soulignées en caractères égyptiens.

3° Je continuerai par l'explication des motifs de mes amendements, suivi d'un projet de fédération patronale telle que je la comprends.

FÉDÉRATION GÉNÉRAL DE L'AMEUBLEMENT

STATUTS OFFICIELS

ARTICLE PREMIER.

Une Association syndicale est formée entre toutes personnes appartenant à une branche quelconque du commerce et de l'industrie de l'*Ameublement*, et remplissant les conditions ci-après désignées :

ART. 2.

La Société prend le nom de *Fédération syndicale de l'Ameublement.*

ART. 3.

Tout commerçant ou industriel appartenant à une branche quelconque de l'*Ameublement*, peut faire partie de la *Fédération* sans distinction de nationalité, s'il n'est failli ou s'il n'a été condamné à une peine infamante.

Cotisation

ART. 4.

Chaque Sociétaire paie, dans la *huitaine* de son admission, une somme de (5 francs) une fois déposée, par chaque ouvrier occupé par lui, et ensuite une cotisation *mensuelle* de (50 centimes) également par chaque ouvrier. Cette cotisation qui sera basée sur la moyenne d'ouvriers occupés l'année précédente, pourra être abaissée.

ART. 4 *bis*.

Les Sociétaires qui, dans leur spécialité, n'occuperaient dans leurs ateliers que les ouvriers d'*une seule branche* d'industrie, c'est-à-dire soit Ébénistes seuls, soit Sculpteurs seuls, soit Menuisiers (1) seuls, ne paieront comme versement de fondation, que la somme de 3 fr. au lieu de 5 fr.

Les Sociétaires qui occuperaient les ouvriers de deux branches, à la fois, verseront 4 fr. au lieu de 5 fr.

Ceux, enfin, qui occuperont les ouvriers représentant les trois branches d'industrie paieront, comme il a été stipulé dans l'article précédent, la somme de 5 fr.

(1) Les fabricants de meubles artistiques sculptés sont appelés ici *les menuisiers;* pourquoi pas *les charpentiers?*

ART. 5.

Les Ébénistes marchands, n'employant pas d'ouvriers, verseront dans la *huitaine* de leur admission une somme de 100 francs une fois versée, et ensuite une cotisation *annuelle*, de 50 francs.

Ces cotisations versées par les adhérents, tout en restant leur propriété, ne pourront être remboursées qu'en cas de cessation de Commerce ou de Décès, et à *qui de droit*. Les dépenses faites par la Société, seront prélevées *au prorata* sur le fonds de chaque adhérent.

ART. 6.

En cas de *Démission* ou de *Radiation*, les fonds versés deviendront la propriété de la Société.

Constitution en groupe.

ART. 7.

La Société est divisée en *Groupes syndicaux* embrassant chacun une ou plusieurs spécialités du commerce ou de l'industrie de l'*Ameublement*.

ART. 8.

Les adhérents de chaque *Groupe*, réunis chaque année en Assemblée Générale, nomment un *Comité Syndical* chargé de les représenter.

ART. 9.

Les *Comités Syndicaux* prennent le nom de la spécialité qu'ils représentent : *Comité des Ébénistes, Comité des Sculpteurs, Comité des Fabricants de sièges*, etc., etc. (1).

ART. 10.

Les *Comités* ont pour mission de rechercher les moyens d'éviter les grèves, de résoudre les questions qui divisent les Patrons et les Ouvriers. Ils ont plein pouvoir pour défendre les intérêts des Sociétaires auprès des Syndicats ouvriers.

---

(1) On a oublié le *Comité du Mobilier artistique*.

ART. 11.

Les Comités syndicaux se réunissent périodiquement (au moins une fois tous les deux mois) pour étudier les questions qui pourront leur être soumises et examiner la situation de leur industrie. Ils nomment un bureau composé de : un Président, un Vice-Président, un Secrétaire, un Trésorier.

Syndicat général

ART. 12.

Les Comités syndicaux nomment un Délégué par chaque vingt-cinq membres composant le groupe qu'ils représentent, pour être adjoint aux quatre membres du bureau et constituer avec les délégués et les membres des bureaux des autres groupes, le *Syndicat général de l'Ameublement.*

ART. 13.

Le *Syndicat général de l'Ameublement* se réunit *une fois par mois.* Il a pour but de veiller à l'observation des Statuts, d'étudier les questions d'intérêt général qui peuvent toucher l'*Ameublement* dans son ensemble, de constituer des commissions litigieuses, pour examiner à titre d'arbitres rapporteurs ou d'experts les affaires qui pourraient leur être soumises, enfin de resserrer les liens de bonne confraternité qui doivent unir les Groupes composant la *Fédération.*

ART. 14.

Le *Syndicat général* nomme son bureau composé de : un Président, deux Vice-Présidents, deux Secrétaires et un Trésorier. Les membres élus pourront faire partie des bureaux des Comités, à l'exception du Président, qui, lui ne pourra faire partie d'aucun comité.

Finances

ART. 15.

Le *Syndicat général* constitue une commission dite *Com-*

mission des Finances composée de tous les Trésoriers des Comités. Cette commission est chargée de gérer les fonds sous la présidence du Trésorier du *Syndicat général.*

Art. 16.

Le *Syndicat général* laisse aux Comités le soin de faire chez eux un règlement particulier, à charge par eux de se conformer aux présents statuts.

Assemblées générales

Art. 17.

De même que les Comités doivent réunir les membres de leur groupe en Assemblée générale (une fois par an) le *Syndicat général* devra convoquer tous les ans, en assemblée générale, tous les Sociétaires. Dans cette Assemblée, un rapport sur la situation de la Société sera lu par l'un des Secrétaires et l'état de la caisse sera rendu par le Trésorier.

Art. 18.

D'autres Assemblées générales pourront être faites dans le courant de l'année, si les Comités ou le *Syndicat Général* en reconnaissent la nécessité et si elles sont demandées par 15 sociétaires (au moins). Les décisions de ces Assemblées générales ne seront valables que si le *tiers* des membres composant la Société est présent.

Art. 19.

Pour être admis dans la Société, il faut être présenté par *trois sociétaires* se portant garant des déclarations du nouveau membre sur le nombre d'ouvriers occupés par lui.

Démission

Art. 20.

La *démission* d'un Sociétaire ne peut être valable que 6 *mois* après qu'elle aura été adressée par écrit au Président du groupe dont il fait partie.

Art. 21.

Un Sociétaire devra être inscrit dans plusieurs groupes s'il justifie qu'il emploie des ouvriers appartenant aux différentes spécialités représentées par ces groupes.

Art. 22.

Les adhérents ont pour devoir d'aider les Comités qui représentent leurs intérêts, en portant à leur connaissance tous les faits se rattachant à la corporation, en assistant assidûment aux Assemblées générales, en se conformant avec discipline aux décisions prises par ces Assemblées et par les Comités.

En temps de Grève, ils ne doivent prendre aucun engagement avec les ouvriers, les Comités syndicaux ayant *seuls* plein pouvoir pour représenter les Sociétaires et défendre leurs intérêts devant les délégués ouvriers.

Tout adhérent s'engage à ne donner aucune nouvelle commande dehors pendant toute la durée de la Grève.

Art. 23.

Les adhérents frappés d'une demande d'augmentation ou menacés de l'Index doivent immédiatement en prévenir le Président du groupe dont ils font partie, lequel devra réunir le Comité dans les *vingt-quatre heures* qui suivront.

Art. 24.

Si un des Sociétaires frappé est membre du Comité, il cessera immédiatement d'en faire partie afin de laisser aux débats toute leur indépendance.

Art. 25.

Le Comité, après délibération, se mettra en rapport avec le *Syndicat Ouvrier* et fera tous ses efforts pour arriver à une solution amiable. En cas de *désaccord*, les décisions prises par le comité sont exécutoires, *sans appel* par les sociétaires.

Appel à la Caisse

ART. 26.

Lorsque l'application des décisions votées, en temps de grève, portera atteinte aux intérêts des Sociétaires ou les gênera dans leurs affaires, ils pourront faire appel à la caisse de la Société.

ART. 27.

La Commission des Finances nommera une commission de *Cinq Membres* choisi parmi les plus expérimentés pour examiner le *bien fondé* des demandes qui lui seront faites. Cette commission décidera, s'il y a lieu d'avancer des fonds et l'importance de la somme à accorder. Quant au remboursement de cette somme, elle prendra toutes les mesures nécessaires à cet effet.

ART. 28.

Il pourra aussi être accordé des indemnités pour préjudice causé par la grève, mais ces indemnités ne pourront être votées que par le *Syndicat général* convoqué à cet effet d'après le rapport de la Commission des Finances.

ART. 29.

La Commission des Finances pourra faire un emprunt remboursable dans *Cinq ans*, pour constituer immédiatement un fonds de caisse important. Cet emprunt sera fait parmi les Sociétaires et produira un intérêt à 4 0/0.

ART. 30.

Le Siège de la Société reste à fixer et le comité d'installation sera chargé de ce soin.

ART. 31.

La Société louera un local dans son centre d'industrie, et elle y installera un employé chargé de faire les recettes, les convocations, recevoir les adhésions, etc.

Art. 32.

En cas de dissolution de la Société, les fonds seront remboursés aux Sociétaires.

Il est bien entendu que ces statuts sont susceptibles d'être revisés et augmentés suivant les besoins de notre cause.

Membres de la Commission :

Allard	Jeanselme	Milot
Boison	Meynard	Quignon

Président de la Commission : MEYNARD

Ont adhéré et signé les présents statuts :

MM. Allard, Admira, Andersen, Aubotier, Azéma aîné, A. Arbey, Boison, A. Bury, A. Banclhon, Bouzier et Vaut, Bineau, Chantreau, Chenu, Chevalier, Dasson, Dugast, Dienst, Duval, Dezandais, Damon et Cie, Devevey, Delilliers, Drouet, Drouard, Esseiva, Grimard, Godin et Cie, Gilbert, Guérêt jeune, Giraud, Hugnet, Hertenstein fils, Hébert, Hunsinger, Irénée fils, Kalhen, Lindenlaub, L'Hoste, Louault, Larivière, Léger, Albrecht et Cie, Loidrault, Lemoine, Lapierre, Lebrim, Lexcellent, Laurendet, Morin, Meynard, Muller-Audoynaud, Moulin, Michel, Munz-Merlotti, Naulot-Riballier, Policard, Pecquereau, Potheau frères, Perol frères, Poujol, Quignon, Robben, Reyberotte, Reich, Roussel, Schmit et Piolet, Simon, Sormani, Soubrier et Perrault frères, Sarazin, Tarlé, Vieux.

Voici le même document amendé par moi en caractères égyptiens :

J'indique ainsi les modifications que je propose,

afin de bien faire saisir l'esprit qui a présidé à la composition de ces statuts, ainsi que celui qui m'anime en les amendants.

FÉDÉRATION GÉNÉRALE DE L'AMEUBLEMENT

13, *rue de la Cerisaie, à Paris.*

ARTICLE PREMIER

Une association syndicale est formée entre toutes personnes appartenant à une branche quelconque du commerce et de l'industrie de l'Ameublement ; — **puis,** remplissant les conditions ci après désignées :

ART. 2.

Semblable.

ART. 3.

Tout commerçant ou industriel appartenant à une branche quelconque de l'Ameublement peut faire partie de la Fédération, sans distinction de nationalité, s'il **est appelé à adhérer aux présents statuts et s'il en a signé l'acceptation (1)**

COTISATION.

ART. 4

Chaque Sociétaire paie, dans la huitaine de son admission, une somme de (5 francs) une fois déposée, par chaque ouvrier **menuisier en meubles ou ébéniste** occupé par

(1) L'autre libellé constitue une injure absolument inutile, contre ceux qui ne feront pas partie de la Fédération pour un motif quelconque.

lui, et ensuite une cotisation mensuelle de (50 centimes) également par chaque ouvrier **ci-dessus désignés.** — Cette cotisation, qui sera basée sur la moyenne d'ouvriers occupés l'année précédente, pourra être abaissée **à chaque assemblée générale où cette question sera mise d'office à tous les ordres du jour.**

La cotisation d'un simple adhérent à sa corporation est de moitié de celle totale pour la fédération.

ART. 4 *bis*.

Semblable.

ART. 5.

Les ébénistes marchands, n'employant pas d'ouvriers, verseront dans la **huitaine** de leur admission une somme de 100 francs une fois versée, et ensuite une cotisation annuelle de 50 francs.

Ces cotisations **seront** versées par les adhérents **des diverses spécialités de l'ameublement,** — tout en restant leur propriété, **elles** ne pourront être remboursées à qui de droit qu'en cas de cessation de commerce ou de décès. Les dépenses faites par la Société seront prélevées au prorata sur le fonds de chaque adhérent.

ART. 6.

En cas de démission les fonds versés deviendront la propriété de la Société, **si la démission n'a pas pour motif un changement sérieux dans l'économie professionnelle de la présente fédération (1).**

(1) Sans être ainsi motivée, la retenue pure et simple des fonds en cas de démission représente une injustice criante ; — la corporation, du meuble sculpté a voté la revision de cet article à l'unanimité le 21 août 1882.

CONSTITUTION EN GROUPE

ART. 7.

La Société est réunie en groupes syndicaux **ou corporations spéciales** embrassant chacun une ou plusieurs **branches** du commerce ou de l'industrie de l'ameublement.

Les adhérents ne peuvent pas faire partie de la fédération sans être membre cotisant d'un groupe ou corporation, mais on peut être cotisant de sa corporation ou chambre syndicale spéciale, sans faire partie de la fédération (1).

ART. 8.

Les adhérents de chaque groupe **ou corporation se réunissent quand bon leur semble et jouissent d'une autonomie complète, sous la protection du lien fédératif qui les réunit aux autres groupes ou corporations de l'ameublement du département de la Seine.**

Les groupes ou corporations nomment un comité syndical chargé de leurs intérêts professionnels.

ART. 9.

Les comités syndicaux prennent le nom de la spécialité qu'ils représentent : — **comité du mobilier artistique,** comité des ébénistes, comité des sculpteurs, comité des fabricants de sièges, etc., etc.

ART. 10.

Les comités ont pour mission de rechercher les moyens

(1) La fédération étant une Compagnie d'assurance contre les risques du travail, il est absolument despotique d'empêcher de faire partie de sa corporation à celui qui ne veut pas s'assurer.

d'éviter les grèves, de résoudre les questions qui divisent les patrons et les ouvriers. Ils ont plein pouvoir pour défendre les intérêts des Sociétaires auprès des syndicats ouvriers, **d'établir des tarifs généraux et de protéger l'établissement des tarifs d'ateliers, de commissions arbitrales mixtes, etc., d'accord avec les ouvriers et les clients ou leurs délégués (1).**

Les comités syndicaux se réunissent périodiquement (*au moins une fois tous les deux mois*) pour étudier les questions qui pourront leur être soumises et examiner la situation de leur industrie. Ils nomment un bureau composé de : un Président, un Vice-Président, un Secrétaire, un Trésorier.

SYNDICAT GÉNÉRAL

Art. 12

Semblable.

Art. 13.

Le syndicat général de l'ameublement se réunit une fois par mois. Il a pour but de veiller à l'observation des statuts, d'étudier les questions d'intérêt général qui peuvent toucher l'ameublement dans son ensemble, de constituer des commissions litigieuses, pour examiner, à titre d'arbitres rapporteurs ou d'experts, les affaires qui pourraient leur être soumises, **de pousser à l'établissement des séries de prix de vente pour la fabrication des meubles et sièges en général, et cela, dans le genre de ceux de la Ville de Paris pour les industries du bâti-**

(1) Sans tarifs et commissions mixtes pour en protéger l'exécution, la fédération professionnelle d'une seule colonne du travail, représente une conspiration contre les intérêts producteurs de la deuxième colonne; si la deuxième colonne est également fédérée, c'est la guerre avec les deux armées organisées et en présence.

ment (1) enfin de resserrer les liens de bonne confraternité qui doivent unir les groupes composant la Fédération.

Art. 14.

Semblable.

FINANCES

Art. 15.

Semblable.

Art. 16.

Le syndicat général **reconnait** aux Comités le **droit et le devoir** de faire chez eux un règlement particulier, à charge de se conformer aux présents statuts.

ASSEMBLÉES GÉNÉRALES.

Art. 17.

Semblable.

Art. 18

D'autres assemblées générales pourront être **convoquées** dans le courant de l'année, si les Comités ou le syndicat général en reconnaissent la nécessité et si elles sont demandées par 15 sociétaires (*au moins*). Les décisions de ces assemblées générales ne seront valables que si le tiers des membres composant la Société est présent, **et par le quart dans une nouvelle convocation à huitaine ou à quinzaine.**

Art. 19.

Pour être admis dans la Société, il faut **y être sollicité par l'employé chargé des adhésions, ou** être présenté

(1) Sans tarifs de prix de vente et de façon, avec échelles mobiles au besoin, le commerce et l'industrie n'auront jamais aucune stabilité ; les procès et les faillites continueront de plus en plus leur œuvre destructive.

par trois Sociétaires se portant garants des déclarations du nouveau membre.

DÉMISSION

ART. 20

Semblable.

ART. 21.

Semblable.

ART. 22.

Semblable.

ART. 23.

Semblable.

ART. 24.

Semblable.

ART. 25.

Le comité, après délibération, se mettra en rapport avec le syndicat ouvrier et fera tous ses efforts pour arriver à une solution amiable **dans l'esprit des termes de l'article 10 des présents statuts.** En cas de désaccord, les décisions prises par le comité sont exécutoires sans appel par les sociétaires.

APPEL A LA CAISSE

ART. 26.

Semblable.

ART. 27.

Semblable.

ART. 28.

Semblable.

ART. 20.

La commission des finances pourra faire un emprunt remboursable dans cinq ans, pour constituer immédiatement un fonds de caisse important. Cet emprunt sera fait parmi les sociétaires **et au besoin en dehors**, il produira un intérêt à 4 1/2 pour cent.

Art. 30.

Le siège de la société **est provisoirement, 13, rue, de la Cerisaie.**

Art. 31.

Semblable.

Art. 32.

En cas de dissolution de la Société les fonds seront remboursés aux Sociétaires.

Il est bien entendu que ces statuts sont susceptibles d'être revisés et augmentés suivant les besoins **des intérêts privés, communs et généraux des professions de l'ameublement en général.**

OBSERVATIONS

Je résume ainsi mes critiques principales expliquées du reste, par la simple lecture des statuts amendés.

1° L'article 6 de la fédération permettait de garder les fonds à un adhérent qu'un coterie aurait pu faire radier pour un motif quelconque ; — puis, de garder également les fonds des membres mécontents après une modification des statuts qui aurait pu faire changer le but de l'association ; — j'ai rectifié cela tout en sauvegardant les intérêts de la fédération.

2° L'article 7 enlevait l'autonomie aux corporations spéciales, je la leur ai rendu, car cela est aussi despotique que contraire aux intérêts mêmes de la fédération, qui se privait ainsi du concours de ceux qui seraient venus peu à peu à elle, au fur et à mesure qu'ils auraient compris tout l'intérêt qu'ils avaient à être unis solidairement avec leurs collègues.

3° Par les amendements aux articles 10 et 13, j'inscris le principe des tarifs de vente et de façon, avec celui de leur tribunal arbitral mixte, etc., etc.

En un mot, la fédération des patrons de l'ameublement, représente, d'après ses statuts, les quelques chefs de la Chambre syndicale de l'ébénisterie englobant toutes les autres professions de l'ameublement parisien sous leur autorité : — Ne pensant pas que ce principe de suprématie appliqué aux relations professionnelles soit bienfaisant, j'ai pris la liberté d'amender les dits statuts selon le désir conforme de la corporation du meuble sculpté dans sa séance du 21 août 1882, séance qui a eu lieu dans le local même de l'ex-fédération, qui n'est plus aujourd'hui que la Chambre syndicale de l'ameublement.

Cette pensée autoritaire n'est pas, j'en suis certain, dans la pensée de ceux qui ont libellé ces statuts d'après mon ancien projet, rédigé à la suite des grèves de 1865 dont j'étais le secrétaire-rapporteur des assemblées patronales : — Mais elle y est tout de même et on ne la retrouve pas dans mon projet primitif, dont voici du reste le contenu ci-contre.

L'assemblée générale de l'ameublement dans sa séance du 11 mars 1867 a nommé une commission de 12 *membres* pour élaborer un *Projet de Société de secours mutuels de l'Industrie* laquelle s'est ainsi constituée :

Président : M. QUIGNON
Secrétaire : M. BLANCHET
Rapporteur : M. MAZAROZ

Membres : MM. DECUSSE, VRIGNAULT, ROUX, GODIN, LAURENDET, ERTHENSTEIN, PECQUEREAU, LEXELLENT, REDEYROTTE,

lesquels ont l'honneur de présenter à l'approbation de l'assemblée générale, le projet suivant :

Association des Patrons de l'Ameublement et des branches d'industrie qui s'y rattachent.

CHAPITRE PREMIER

FORMATION ET BUT DE L'ASSOCIATION

ARTICLE PREMIER. — L'association de l'ameublement est une société de prévoyance contre les éventualités pouvant nuire à la fabrication et au commerce des différentes industries qui la composent et notamment les grèves.

ELLE A POUR BUT :

ART. 2. — De concilier les différends entre les patrons et les ouvriers.

ART. 3. — D'amener la justice dans les discussions sur la valeur du travail à façon ou à la journée.

ART. 4. — De soulager ceux qui seraient soumis à des demandes ou offres déraisonnables.

ART. 5. — D'empêcher à tout prix les grèves partielles qui

ont pour résultat de faire tomber les uns après les autres les patrons devant les exigences injustes et en tout cas, sans discussion possible.

Pour arriver a ce but :

Art. 6. — Elle fonde une caisse de secours par cotisations dont l'assurance est le moyen.

Art. 7. — Chaque sociétaire doit s'assurer à raison de.... francs par an pour le nombre d'ouvriers formant en moyenne le total de la branche la plus importante des industries exercées par lui dans l'intérieur de son établissement.

Art. 8. — Chaque associé s'engage de suite pour une année d'avance indépendante de l'année suivante.

Art. 9. — Le quart de l'année d'avance doit être payé au trésorier dans les huit jours.

Art. 10. — L'année suivante se paiera entière en douze fois, à la fin de chaque mois.

Art. 11. — En cas d'urgence, l'assemblée générale pourra voter à la majorité la rentrée des trois autres quarts de l'année d'avance.

Art. 12. — Il pourra être accepté des valeurs à l'ordre de la société pour tous les paiements, sauf intérêts à ajouter.

Art. 13. — On pourra anticiper les paiements sauf intérêts à déduire.

Art. 14. — Toutes les sommes seront placées dans une caisse publique et les intérêts seront ajoutés chaque année au capital.

Art. 15. — La démission volontaire d'un ou plusieurs membres est facultative en avertissant le président un mois d'avance et en abandonnant tous ses intérêts dans la société.

Art. 16. — En cas de mort ou de cessation d'affaires, les intérêts de l'associé seront remboursés en un an et par quarts à partir du jour de la notification officielle.

CHAPITRE II

Administration

Art. 17. — La société aura un président,
Deux vice-présidents,
Un secrétaire rapporteur,
Un secrétaire des séances,
Un trésorier,

Art. 18. — Une commission composée d'un des vice-présidents et de quatre membres sera constituée en permanence pour connaître des grèves, menaces de grèves et discussions pouvant s'élever entre les ouvriers et un ou plusieurs des membres associés.

Art. 19. — Elle nommera chaque fois une sous-commission composée de cinq membres choisis autant que possible parmi les patrons de la même spécialité que la maison ou les maisons dans lesquelles il y aura grève ou discussions.

Deux membres pourront être récusés par les parties.

Art. 20. — Les sous-commissions auront les pouvoirs les plus étendus, sauf ceux de compromettre sans l'assentiment de l'Assemblée générale.

Art. 21. — Elles ont avant tout la conciliation pour mission, elles feront les plus grands efforts pour faire comprendre qu'il est aussi dangereux aux patrons de ne pas rémunérer suffisamment leurs ouvriers, qu'aux ouvriers de demander aux patrons des prix exagérés, qui livreraient, par leur adoption, l'industrie française sans défense devant la concurrence étrangère.

Art. 22. — Si leurs conciliations restent sans fruit, les sous-commissions pourront accorder après assentiment de l'Assemblée générale, des prêts sur la caisse aux patrons injustement mis en grève, ces prêts pourront atteindre un chiffre quatre fois plus élevé que celui possédé dans la société par les patrons en grève.

Ces prêts seront faits sans intérêts, sur reçus, à l'ordre du trésorier, ils seront renouvelables avec ou sans intérêts par décision de l'assemblée et suivant les circonstances; si ce sont les ouvriers qui ont raison, les sous-commissions leur viendront en aide en leur procurant du travail.

Art. 23. — En dehors de ces prêts, la Société fera son possible pour faire exécuter les travaux d'une maison mise en grève injustement, elle accordera sur la caisse le supplément du prix des façons nécessité par ces situations exceptionnelles, de façon à ce que les patrons grévés ne paient que les prix jugés justes par la sous-commission.

Art. 24. — La sous-commission en fonctions avisera, pour arriver à ce résultat, soit à proposer la fondation d'ateliers dans les départements ou à l'étranger, soit à payer le supplément à des ouvriers en chambre, ou à exécuter ces travaux par parties dans les ateliers des associés de la même branche d'industrie.

Soit en décidant la fermeture des ateliers aux ouvriers de la même partie que ceux qui font grève.

Art. 25. — Il sera fait exception pour ceux qui ne feront pas cause commune avec les grèveurs et qui déclareront franchement adhérer aux sentiments de justice et de fraternité contenus dans le présent acte de société.

Art. 26. — Pour faciliter les travaux des sous-commissions, les associés sont invités à tenir régulièrement dans leurs fabriques des livres d'entrée et de sortie des ouvriers, afin de pouvoir se renseigner sur ce qu'ils gagnent habituellement en comparaison de ce qu'ils demandent à gagner.

Art. 27. — A ne conserver autant que possible des ouvriers qui travaillent en moyenne dix heures par jour (sauf le cas de maladie), car les ouvriers qui travaillent peu sont presque toujours les auteurs des demandes injustes.

Art. 28. — A fonder dans leurs ateliers des sociétés de secours mutuels, s'ils sont assez importants, ou dans le cas contraire, d'engager leurs ouvriers à entrer dans la Société de secours mutuels de l'ébénisterie.

Art. 29. — Pour ce dernier cas la Société aura à statuer, chaque fois qu'il lui en sera fait la demande par un sociétaire, s'il y a lieu de payer à la Société de secours mutuels les cotisations des ouvriers chargés de famille.

Car la société pense :

Art. 30. — Que la moitié du lendemain de l'ouvrier est l'assurance de sa vie et de bons soins en cas de maladie.

Art. 31. — Que l'autre moitié est sa participation dans une sérieuse caisse de secours pour la vieillesse des travailleurs.

Art. 32. — Elle déclare qu'elle s'occupera de suite de la première moitié, et qu'elle fera tous ses efforts pour la réalisation de la deuxième quand elle sera solidement constituée.

CHAPITRE III

Art. 33. — Les Sociétaires son admis en assemblée générale à la majorité.

Art. 34. — Pour être admis il faut être patron d'une des branches de l'ameublement et avoir ses ateliers dans la ville de Paris.

Art. 35. — Les membres honoraires sont admis par le Président et le bureau, leur cotisation est volontaire.

Art. 36. — Sont exclus de la Société, ceux qui auront subi une condamnation infamante, ou pour vol et abus de confiance, les faillis non réhabilités.

Art. 37. — Cessent de droit de faire partie de la Société les membres qui n'auront pas payé depuis trois mois leurs cotisation.

Art. 38. — Les membres qui auront volontairement causé du préjudice au but et aux intérêts de la Société.

Art. 39. — Les cotisations des membres exclus ou radiés restent la propriété de la société.

Art. 40. — Quand un ou plusieurs membres ne se conformeront pas aux décisions de la sous-commission approuvée en séance générale; ils seront exclus de la Société et perdront toutes leurs cotisations.

Art. 41. — La présente Société est constituée pour cinq années.

Art. 42. — Tous les ans l'ordre du jour appellera la revision des statuts.

Art. 43. — Cette revision sera proposée par la commission permanente, réunie au bureau de la Société.

Art. 44. — Les changements ou le maintien seront votés en assemblée générale.

Paris, 16 mars 1867.

Le secrétaire-rapporteur,

Signé : P. MAZAROZ.

Après mes amendements aux statuts de la Fédération de l'ameublement, je pense utile à la cause professionnelle que je soutiens de publier le contre-projet des statuts de cette fédération, que j'avais primitivement présenté et qui a été repoussé par l'assemblée générale, le jour même de la transformation du titre de Fédération en celui trop anodin de : — *Chambres syndicales de l'ameublement.*

Voici mon projet entier de fédération des corporations et spécialités de l'ameublement.

PROJET DE FÉDÉRATION GÉNÉRALE

DES PROFESSIONS DE L'AMEUBLEMENT

DU DÉPARTEMENT DE LA SEINE

Exposé

Après chaque guerre il y a forcément un traité de paix : — Après chaque grève il y a fatalement un arrangement : — La sagesse des Sociétés consiste donc à faire les traités de paix avant la guerre et les arrangements professionnels avant les grèves.

TITRE PREMIER

CONSTITUTION

ARTICLE PREMIER : — Les signataires du présent acte collectif de société fondent à Paris une fédération générale des patrons de l'ameublement; pour le développement, la protection et la défense loyale de leurs intérêts professionnels.

ART. 2. — Seront admis à être sociétaires, tous les adhérents au présent acte de société ayant signé l'un des exemplaires sur la présentation officielle qui leur en sera faite.

ART. 3. — Un local spécial ainsi que des employés comptables et vérificateurs sont affectés aux divers services de la fédération; — ils agissent sous les ordres de ses délégués dont les titres et attributions vont suivre.

Art. 4. — La fédération reconnaît, comme étant *le droit* des relations d'intérêts professionnels de ses adhérents, tous les tarifs et conventions intervenus entre les patrons et ouvriers depuis moins de deux ans, elle se charge de les faire exécuter par son syndicat général s'il en est requis par les intéressés dans leur esprit et dans leur vérité, au profit de tous et chacun de ses adhérents.

TITRE II

ORGANISATION GÉNÉRALE

Art. 5. — Les adhérents de toutes les spécialités de l'ameublement du département de la Seine sont admis à faire partie de la présente fédération, qu'il fassent ou non partie d'un de ses groupes, corporations ou syndicats.

Art. 6. — Les diverses spécialités de l'ameublement du département de la Seine admises dès aujourd'hui par la fédération, sont :

1° Les fabricants de meubles en bois plein, de menuiserie artistique et de sièges.

2° Les ébénistes fabricants de meubles plaqués ; — puis ceux de sièges qui opteront pour l'ébénisterie.

3° Les tabletiers et les tourneurs en tous genres.

4° Les fabricants de nécessaires et de petits meubles.

5° Les fabricants de billards.

6° Les tapissiers et marchands de meubles.

7° Les commissionnaires en ameublements.

Art. 7 — La fédération de l'ameublement est administrée par un syndicat général composé des délégués des sept spécialités de l'ameublement, savoir :

1° Le bois plein trois délégués (*y compris les sculpteurs*)

2° Le bois plaqué trois délégués (*y compris les sculpteurs*)
3° Les tabletiers et tourneurs deux délégués.
4° Les fabricants de billards, un délégué.
5° Nécessaires et petits meubles, deux délégués.
6° Tapissiers et marchands de meubles, trois délégués.
7° Les commissionnaires en ameublements, un délégué.

En tout quinze délégués renouvelés par tiers chaque année, lesquels seront assistés à titre de collègues égaux en droits, par les présidents de chacun des groupes qui sont syndiqués ci-dessus.

Art. 8 — Les adhérents pourront faire partie de deux groupes sur leur demande et s'ils établissent que les affaires ou fabrication de leurs maisons le comportent.

Art. 9. — Un comité d'experts et de vérificateurs choisis parmi les adhérents et en dehors par le syndicat général, pourra déléguer un ou plusieurs de ses membres, pour aller aider les patrons adhérents a établir leurs tarifs et conventions d'ateliers, en se basant sur les conventions générales intervenues entre patrons et ouvriers, leur travail sera rémunéré à l'heure par les intéressés et sur la quotité qui en sera fixée par le syndicat général, dans un tarif discuté et voté à l'avance.

Art. 10. — Les tarifs d'ateliers ainsi établis seront soumis à l'homologation des délégués patrons et ouvriers des diverses spécialités, et s'il y a contestation sérieuse, les meubles contestés seront exécutés par un patron ou un contremaître spécial pour justifier de la légalité du prix, en se basant sur les conventions générales du prix de l'heure, — les patrons et contremaîtres de bonne volonté pour ce service, lorsqu'il se présentera, seront payés, puis indemnisés et gratifiés s'il y a lieu par la Fédération.

Art. 11. — Les contremaîtres et patrons de bonne volonté pour exécuter les meubles à prix contestés, signeront la déclaration suivante :

Je m'engage sur l'honneur à exécuter le meuble qui me sera indiqué en travaillant ni plus ni moins vite que je l'ai toujours fait, et de justifier par mes anciens livrets ce que je gagnais étant ouvrier, pour le comparer au prix des heures de travail des conventions actuelles; le tout, afin d'établir sûrement le procès-verbal de la valeur exacte de la façon du meuble que je vais faire.

ART. 12. — Une fois que les prix de façon des tarifs d'ateliers seront reconnus légaux d'après les conventions générales intervenues entre patrons et ouvriers à la suite des dernières grèves; — soit par tarifs acceptés d'un commun accord, soit par expertises justifiées s'il y a lieu; — la Commission mixte de la corporation jugera les différends en se basant sur les dits tarifs; — enfin, la fédération patronale garantira et assurera la paix du travail dans tous les ateliers aux conditions suivantes.

TITRE III

ASSOCIATION SOLIDAIRE

A

Caisse et cotisations

ART. 13. — Chaque adhérent paie au trésorier du syndicat général une somme de 5 francs par établi occupé en moyenne chez lui, et cela, dans la huitaine de son adhésion, laquelle devra porter la déclaration du nombre moyen d'établis occupés chez le signataire.

Art. 14. — Ce versement pourra être fait ; — le tiers en espèces et les deux autres tiers en billets à l'ordre du Trésorier, sans date d'échéance, afin que le syndicat général puisse les faire toucher quand besoin sera et en avertissant huit jours à l'avance.

Art. 15. — Les adhérents paieront en outre une cotisation de 2 francs par mois pour un à cinq établis, de 4 francs par mois, pour six à quinze établis, de 5 francs par mois pour 16 à 20 établis, de 7 francs par mois pour 21 à 30 établis ; — de 10 francs par mois pour 31 à 50 établis, de 15 francs par mois pour 51 à 80 établis, de 20 francs par mois pour 81 à 150 établis et de 30 francs par mois au-dessus de 150 établis occupés, de menuisiers en meubles ou ébénistes.

Art. 16. — Ayant rempli ces conditions ainsi que celles des titres un et deux du présent acte de Société, les intérêts professionnels des adhérents deviennent, par le fait, solidaires les uns des autres, si bien que : — Si l'un d'entre eux était mis à l'index par les ouvriers, la fédération agirait comme si tous ses membres étaient mis en grève.

Art. 17. — Les cotisations et les sommes déposées servent à payer les frais généraux de la fédération et le reste demeure la propriété proportionnelle de chaque adhérent, mais ne pourra lui être remboursé qu'en cas de décès ou de cessation de commerce.

Art. 18. — Les sommes déposées et les cotisations étant considérées comme les primes mutuelles d'assurance solidaire contre les risques professionnels résultant des grèves, mises à l'index et dissentiments quelconques entre patrons et ouvriers ; — le remboursement du reliquat des primes fait donc cesser naturellement tous les droits à la dite assurance.

Art. 19. — La radiation d'un membre peut être votée par le syndicat général réuni en comité secret sur plainte et en présence du plaignant et de l'inculpé ; mais comme en celui de démission volontaire et dans tous les cas, les cotisations versées sont conservées à forfait pour la part des frais généraux à la charge du partant, et le tiers de ses dépôts par établi reste, comme indemnité, la propriété de la Fédération générale de l'ameublement du département de la Seine.

Il en est de même pour les intérêts des décédés et ceux des adhérents en cas de cessation de commerce.

Les sommes conservées rentrent aux comptes des titulaires si eux ou leurs successeurs redeviennent adhérents, et en cas de dissolution, tous les ayants droit rentrent en possession du reliquat des dites sommes.

Art. 20. — Le bureau du syndicat général a une permanence pour recevoir les demandes et plaintes, il fait assister immédiatement les plaignants s'il y a lieu, et fait prendre une décision sur chaque sujet à la première séance du syndicat général.

Art. 21. — Par les présidents des groupes qui font de droit partie de ses membres, le syndicat général est continuellement au courant des vœux de tous ses adhérents formulés dans leurs groupes respectifs, et il les place à son ordre du jour aussitôt qu'ils sont émis.

Art. 22. — Les articles 20 et 21 signifient que : — Les adhérents s'adressent directement au syndicat général de la fédération pour les accidents professionnels qui peuvent les menacer ; — mais ils doivent prendre l'intermédiaire de leurs groupes respectifs pour formuler et saisir le syndicat général de leurs désirs d'amélioration ainsi que de toute autre proposition.

Art. 23. — Lorsque l'application des décisions du syndicat général en temps de grève entière ou partielle, portera atteinte aux intérêts des sociétaires ou les gênera dans leurs affaires, ils pourront faire appel à la caisse de la société.

Le bureau du syndicat général, sur le rapport du comité des experts et vérificateurs, avancera les fonds nécessaires qui rentreront plus tard au moyen d'échéances échelonnées

Art. 24. — Le syndicat général pourra faire un emprunt remboursable en cinq ans au nom de la fédération de l'ameublement si les circonstances l'exigeaient, et à la majorité des deux tiers des membres du syndicat général.

B

Assemblées

Art. 25. — Les groupes fédérés s'assemblent et fonctionnent à leur volonté selon la teneur de leurs règlements et statuts respectifs.

Art. 26. — Le syndicat général de l'ameublement se réunit en assemblée générale une fois par mois, et en cas d'urgence, sur la convocation du président, — il nomme son bureau et dirige les intérêts de la fédération en se soumettant à un règlement général qu'il vote à cet effet ; — le syndicat général est assisté du comité d'experts et de vérificateurs si le bureau le juge utile, les membres du dit comité sont convoqués en tout ou partie sur l'ordre du bureau et s'il y a lieu.

L'assemblée générale de tous les adhérents de la fédération doit avoir lieu tous les ans et plus, mais dans les cas les plus graves seulement, et sur la décision du syndicat général.

Art. 27. — Le bureau du syndicat général se réunit en plus une ou deux fois par mois, selon les besoins, pour dépouiller la correspondance et préparer les travaux des assemblées générales ; — sa permanence est occupée par des premiers employés, qui avertissent tous les soirs le président ou l'un des vice-présidents (*en cas d'absence de celui-là*) de tout ce qui arrive à nouveau.

Les indemnités supplémentaires des experts adhérents ou autres sont proposées et votées par le bureau du syndicat général, afin que le zèle pour les intérêts du corps ne puisse jamais être ralenti.

C

Comité d'experts et de vérificateurs

Art. 28. — Attendu que : — Le travail à la journée est, la plupart du temps, une école de paresse et de coulage ; — les experts et vérificateurs de la fédération sont chargés de faciliter par tous moyens possibles le travail à façon et à l'entreprise, comme étant plus favorable à la liberté et aux intérêts des patrons et ouvriers ; et cela, afin de réduire le travail à la journée à sa plus simple expression possible dans toutes les spécialités de la fabrication du meuble en général.

Art. 29. — Sur la demande des adhérents ; — le comité des experts déléguera un ou plusieurs de ses membres, lesquels s'entendront avec les contremaîtres et les patrons pour établir le prix à façon de la menuiserie, ébénisterie, sculpture, etc. des meubles dans chaque atelier où ils seront requis ; — en se conformant à l'augmentation convenue dans les spécialités par les dernières grèves ; et cela, afin de mettre un arrêt radical aux nouvelles exigences qui pourraient se produire de part ou d'autre, grâce à l'absence de tarifs d'ateliers.

Art. 30. — La base de l'augmentation ou des augmentations convenues sera prise pour établir les prix, en se servant de tous les documents de la comptabilité des ateliers ; — mais, s'il y a contestation, la vérification sera faite par les prix du travail à l'heure, selon les conventions des articles 8, 9, 10 et 11 du présent acte collectif de société fédérale et professionnelle.

Art. 31. — Le comité des experts communique tous les soirs, s'il y a lieu, les procès-verbaux de ses travaux aux employés de la permanence du syndicat général, lesquels avertissent le président de tout ce qui serait capable de troubler la paix entre les deux colonnes du travail des professions de l'ameublement du département de la Seine.

Art. 32. — Les décisions pour la défense des intérêts professionnels des adhérents, prises par le syndicat général sur les rapports du comité des experts et vérificateurs, sont exécutoires sans appel par les sociétaires pour toutes les résolutions de détail, sauf pour une résistance générale qui devra être décidée par la majorité d'une assemblée générale des adhérents, délibérant valablement en présence de la moitié plus un de ses membres ou de leurs délégués pour la première fois, et avec le quart au moins de ses membres pour une deuxième assemblée convoquée à huitaine : — Les votes pourront avoir lieu par lettres adressées au président.

Art. 33. — Un journal, mensuel d'abord, mais qui pourra devenir hebdomadaire et même quotidien lorsque la presque totalité des patrons de Paris sera fédérée, sera servi aux adhérents et contiendra tout ce qui aura été fait d'utile, ainsi que le compte-rendu, au moins résumé, de toutes les séances patronales et ouvrières.

D

Locaux de la fédération et éventualité de dissolution

Art. 34. — Le siège de la fédération reste à fixer et le syndicat général est et demeure chargé de ce soin.

En cas de dissolution, les fonds seront remboursés aux ayants droit dans la proportion des intérêts qu'ils possèdent dans la société.

Art. 35 et dernier. — *Primo.* Attendu que les tarifs de la ville de Paris pour l'exécution des travaux des divers professions du bâtiment, ont, de notoriété publique, évité au moins quatre-vingt-dix pour cent des procès qui seraient intervenus entre propriétaires et entrepreneurs sans cette loi du travail dans les bâtiments en construction.

Les fondateurs de la fédération de l'ameublement décident :

1° Une médaille d'or du prix de trois cents francs ;

2° Une médaille d'argent du prix de trente francs ;

3° Une médaille de bronze du même module que celle d'argent.

Seront décernées aux meilleurs mémoires sur la confection de tarifs généraux de bases et d'expertises conciliatrices, pour les fournitures d'ameublements riches, moyens et ordinaires de chacune des spécialités du meuble.

Le tout, en plus du payement des œuvres couronnées.

Des médailles et des récompenses en numéraire seront également décernées aux auteurs des meilleurs tarifs de façon par trois catégories, pour chacune des spécialités de la fabrication des meubles ; — Le tout : — *Afin d'arriver à harmoniser et, par conséquent, à donner une base sérieuse à la valeur de toute chose, aujourd'hui livrée au hasard.*

Secundo. Attendu que les chômages et les maladies qui amènent la misère dans les ménages d'ouvriers et la ruine dans les familles des patrons, sont les causes principales de l'âpreté que l'on remarque souvent dans la discussion des prix de la façon et de la journée du travail.

Les fondateurs de la fédération de l'ameublement décident :

Aussitôt les adhérents à la fédération arrivés au nombre minimum de deux mille : — Une société de secours mutuels sera établie avec caisse de retraite pour la vieillesse et les infirmités entre les patrons et ouvriers de l'ameublement en général du département de la Seine.

Les cotisations des adhérents et celles des membres honoraires ; puis, les excédents des sommes attribuées aux frais généraux des groupes et de la fédération de l'ameublement, seront les premières ressources employées.

Tertio. Attendu que le manque d'ouvriers a été la plus grande cause des grèves de l'industrie.

Attendu en outre que : — l'abandon des apprentissages a

été la cause principale de la disparition lente mais continuelle des ouvriers adroits de toutes les spécialités de l'ameublement.

Les fondateurs de la fédération de l'ameublement du département de la Seine décident :

L'apprentissage sera réorganisé dans toutes les branches de l'ameublement, les syndicats sont priés d'envoyer leurs idées à ce sujet au syndicat général, lequel nommera une commission chargée de s'entendre avec le maires des vingt-deux arrondissements du département de la Seine, afin de pouvoir traiter à ce sujet avec les parents des élèves des deux sexes qui sortent des écoles municipales.

Enfin, un projet sera étudié et chaque adhérent de notre fédération sera appelé à déclarer le nombre d'élèves qu'il pourra prendre chez lui, pour former la reproduction de la famille du travail dans toutes les branches de l'ameublement à Paris.

Quarto. La présente fédération pourra être étendue à toutes les industries du bois du département de la Seine; lorsque l'utilité s'en fera sentir, et cela aux soins, diligences et propositions du syndicat général de la fédération de l'ameublement, dans lequel les diverses spécialités du travail du bois seront représentées par leurs délégués et leurs présidents.

RÉFLEXIONS

1°

Je suis convaincu que les tarifs de la ville de Paris qui ont rendu, rendent et rendront toujours des services indéniables aux entrepreneurs aussi bien qu'aux propriétaires; — je suis bien convaincu, dis-je, que ces tarifs n'auraient jamais été établis si leur confection avait été laissée à l'initiative des intéressés : — Cette malheureuse négligence aurait eu lieu, parce que l'homme a la conscience oblitérée par la bataille générale des intérêts qui dérive de l'esprit de toutes nos lois, cela fait, avec l'orgueil et l'égoïsme aidant, — qu'il croit toujours que c'est lui qui fourrera dedans son prochain en l'absence de tarifs et d'organisation. — Il faudra donc peut-être un jour que les conseils municipaux des villes imposent les tarifs à toutes les industries générales, comme la ville de Paris les a imposés aux industries du bâtiment.

2°

Cette première réflexion démontre combien il serait utile que les gens haut placés s'occupent de l'organisation des intérêts professionnels ; — mais les classes élevées ne s'intéresseront au sort des classes laborieuses que, quand leurs membres les plus importants auront foi dans les vérités psychologiques étudiées brièvement dans l'épilogue de ce livre ; — c'est-à-dire lorsqu'ils seront scientifiquement certains que leurs intérêts matériels sont réellement solidaires avec ceux des travailleurs de toute l'activité humaine.

3°

L'organisation c'est la vie ; — par ce fait :
« TOUT CE QUI SE MEUT TEND PARTOUT A S'ORGA-
» NISER, a dit Buffon : » *Saint-Lambert ajoute :* « TOUT
» CE QUI SE MEUT DOIT S'ORGANISER POUR SENTIR SON
» EXISTENCE. — *Enfin, Rostan a publié cette magnifique définition,* « FAISANT DÉPENDRE DE L'ORGANISME SEUL

TOUS LES PHÉNOMÈNES DE LA VIE, — C'EST DANS L'ORGANISME QUE NOUS AVONS DU CHERCHER TOUTES LES ESPÈCES DE CONSTITUTIONS. »

Que dire (après ces démonstrations scientifiques) *de nos législateurs qui ont toujours repoussé jusqu'ici cette force des forces que l'on appelle : — organisation professionnelle, — ou plutôt, organisme des sociétés?*

Rien, si ce n'est rappeler cette magnifique prédiction de l'ouvrier de Nazareth.

« La pierre (de l'organisation professionnelle),
» QUE CEUX QUI BATISSAIENT ONT REJETÉE, EST DEVENUE
» LA PRINCIPALE PIERRE DE L'ANGLE (1), CECI A ÉTÉ
» FAIT PAR LE SEIGNEUR (2), ET C'EST UNE CHOSE MER-
» VEILLEUSE DEVANT LES YEUX. »

(Matthieu, chapitre XXI, verset 42.)

(1) Il s'agit ici du monument des sociétés.
(2) Le Seigneur signifie ici les hommes du pouvoir.

Corporation des Fabricants de meubles sculptés du département de la Seine.

MORALITÉ

DE CETTE RELATION RÉSUMÉE DES GRÈVES DE 1880 ET DE LEURS SUITES

1°

FABRICANTS ET COMMERÇANTS

—

L'élément purement commerçant est celui qui divise le plus le patron de l'ouvrier, — c'est évidemment l'élément commerçant qui a empêché la plupart des patrons du meuble sculpté d'établir chez eux des tarifs d'ateliers comme l'ordonnait les articles 5 et 7 de notre arrangement général ; c'est encore l'élément commerçant qui a empêché le principe rédempteur des conventions préliminaires d'être inscrit dans les statuts de la nouvelle fédération de l'ameublement : — Puis, c'est toujours l'élément commerçant qui a fait rejeter le nom éminemment patriotique de *Fédération de l'ameublement*, — pour lui substituer le titre à l'eau de mélisse de : *Chambres syndicales de l'ameublement.*

Voici les motifs de ce changement :

Fédération veut dire TOUS ; puis, fédération signifie corporation ou plutôt union corporative ; — tandis que, chambre syndicale veut dire pouvoir de quelques syndics délégués, — c'est-à-dire règne des intermédiaires, lorsque la corporation n'est pas le lien général d'une profession : — Or, avec le règne des intermédiaires, l'élément purement commerçant continuera toujours à diriger et opprimer l'élément fabricant, qui a pourtant droit à l'égalité.

De plus, COMMERCE est synonyme de mensonge et de tromperie, tandis que FABRICATION représente la vérité du travail producteur ; — la conscience humaine est donc blessée de la suprématie de l'élément commerce, au sein d'une organisation professionnelle de fabricants de toutes les spécialités de l'ameublement.

Tout ceci est de l'individualisme pur, au lieu d'être du collectivisme comme l'exige le principe corporatif. — C'est là l'opinion dont je vais essayer de démontrer la justesse sous ses faces principales par les études suivantes.

2°

LA CONSCIENCE HUMAINE

La conscience humaine ne peut pas se manifester dans la pureté de son principe au sein des sociétés individualistes ; — parce que l'esprit de toutes leurs lois écrites engage l'homme à tromper son semblable dans chacune des transactions de la vie journalière, en L'INTÉRESSANT à lui mentir sans cesse afin de se réserver la bonne part commerciale, c'est-à-dire le bénéfice en toute circonstance : — L'homme ne réfléchit pas assez qu'il n'y a qu'une bonne part et une mauvaise part dans chacun des marchés qu'il fait avec ses semblables, et que, par conséquent, il ne peut avoir la bonne part qu'à son tour; — en résumé, il joue à la bataille et il est tour à tour vainqueur et vaincu :

La lutte des intérêts est donc une grande folie que l'individualisme rive dans l'esprit des faibles humains :

En effet, de même que dans les duels où il y a généralement un blesseur et un blessé, il y a presque toujours un perdant et un gagnant, c'est-à-dire un trompeur et un trompé dans les jeux de hasard que le système de l'individualisme a introduit dans les relations sociales, pour mieux diviser les hommes par leurs intérêts : — Notre économie politique est donc fatalement basée sur la malice et le mensonge de par l'esprit de nos lois écrites, dont je vais critiquer plus loin les abus les plus criants.

Les luttes et les procès que l'individualisme entraîne à sa suite font, qu'en définitive, tout le monde perd au règne des plus malins et des plus méchants, — règne qui est établi fortement dans l'industrie par l'absence de conventions préliminaires, comme on vient de le constater en examinant les documents ci-dessus, relatant les luttes et divisions qui déchirent depuis deux ans les professions de l'ameublement parisien :

Tandis que tout le monde gagnerait à ce que des tarifs de vente et de façon, généraux et particuliers existent, et soient le palladium du travail et des travailleurs sous le contrôle des commissions arbitrales mixtes, — composées par moitié de délégués des deux intérêts différents mais non opposés de l'industrie, du commerce et de la propriété ; — enfin, du travail en général.

UNE SIMILITUDE

Le système social de l'individualisme et celui de l'organisation du travail et des intérêts peuvent être comparés à quatre personnes qui jouèrent toute une nuit dans un grand établissement public dont ils étaient quelques-uns des propriétaires, qui en confiaient la direction à des gérants.

Deux de ces personnes passèrent la nuit à jouer aux cartes, arrivée au matin l'une de ces personnes avait tout perdu et était ruinée ; — mais il y avait deux gagnants, celui qui avait joué avec le perdant et la gérance au profit de laquelle on mettait une petite pièce à chaque partie sous le chandelier : — Mais la nuit suivante, le gagnant reperdit tout avec ce qu'il possédait en jouant contre un autre adversaire ; — mais la direction gagna encore ses petites pièces à chaque partie, dont le montant général formait le patrimoine de ses gérants.

Ces joueurs représentent les joux et luttes du système social de l'individualisme dans lesquels il y a bon nombre de tricheurs, — avec l'État qui gagne toujours parce que toutes les lois sont faites au profit de sa personne anonyme : — Mais l'étonnant de la chose, — c'est que l'État reste le dispensateur absolu de la fortune publique, absolument comme sous le règne du bon plaisir, sauf les formalités du vote des recettes et dépenses qui ne sont aucunement sérieuses dans leurs bases, formes et résultats comme je l'ai cent fois démontré tout le long de mes ouvrages économiques : — Nous sommes donc sous le même despotisme que du temps de l'ancien régime, mais avec une quantité beaucoup plus considérable d'appétits à satisfaire : — Par ce fait, les vers suivants de Béranger sont toujours de plus en plus vrais :

Pauvres moutons, ah vous aurez beau faire,
Toujours on vous tondra (bis)

Le mot toujours est de trop dans ce dernier vers, car le moment n'est pas éloigné où les hauts gouvernants du pays verront que le système social de l'individualisme n'existe pas même dans leurs intérêts.

Voyons les autres joueurs.

Dans la même soirée, deux autres personnes jouèrent également ensemble toute la nuit, mais le matin venu, chacune de ces deux personnes avait gagné une petite somme ; — disons de suite que ces deux derniers joueurs étaient des musiciens, qui avaient fait danser les clients du grand établissement public dont nous parlons.)

Ces deux derniers joueurs et le public qui les avait payé pour se procurer le plaisir de la danse, représentent exactement le système social de l'organisation du travail et des intérêts, dans lequel chacun vit heureux en travaillant parce que rien n'y est laissé au hasard, grâce aux tarifs généraux et particuliers de la consommation et de la production, entendus à l'avance entre les parties intéressées ; — exactement comme pour nos deux musiciens qui sont venus jouer aux prix habituels, d'accord avec le public qui en a acquitté les frais convenus pour se divertir.

Cette simple comparaison démontre que : — Le système social de l'individualisme est tellement sauvage, qu'il peut-être considéré comme étant d'un autre âge, — il n'est conservé parmi nous que par puissance d'habitude et malentendu : — En effet, les peuples ont douloureusement progressé au travers des âges, — mais leurs institutions gouvernementales sont toujours les mêmes AU FOND, depuis environ trois mille ans ; — les noms changent, les directions sociales passent d'une classe sociale à une autre par les guerres et les révolutions ; mais le fond, le véritable fond, qui est le système social de l'individualisme, reste et opprime toujours les populations au fur et à mesure que les gouvernants sont pris plus bas sur l'échelle sociale : — En un mot, l'esprit de famille qui devrait tout gouverner est encore, et de plus en plus exclu de la direction de chacune des branches de l'activité humaine.

J'en reviens aux industries de l'ameublement.

*
* *

Trompé par nos fausses institutions sociales, les patrons et ouvriers de l'ameublement parisien ont voulu tirer chacun de leur côté, en refusant obstinément jusqu'ici de mieux préciser leur droits réciproques ; — alors, la couverture s'est déchirée et se déchirera encore de plus en plus, tant que les patrons et ouvriers du meuble ne reviendront pas au règne de l'équité et de la vérité, — représentées par les tarifs et les commissions mixtes pour les appliquer dans leur esprit et dans leur vérité ; — je veux dire dire que :

La paix du travail ne reviendra plus, tant que nos

patrons et ouvriers persisteront à conserver le règne du hasard et par conséquent de la tromperie, constituée par la prétendue liberté des transactions qui n'en sera jamais que la licence en l'absence d'organisation, c'est-à-dire de conventions préliminaires.

Sous le règne du hasard tel que je le décris, les ouvriers peuvent s'entendre lorsque les affaires vont bien pour faire monter la valeur du travail à des proportions exagérées : — Mais si les patrons se fédèrent fortement, ils pourront faire baisser hors de proportion ce même travail : — je sais bien que patrons et ouvriers nieront cette situation ; — les ouvriers diront qu'ils ne demandent jamais trop et les patrons soutiendront qu'ils offrent toujours assez ; — néanmoins, je maintiens que : — C'est là l'état de guerre sans trêve ni merci dans lequel se préparent à entrer les patrons et ouvriers de l'ameublement parisien, — état de guerre que je voudrais pouvoir éviter à tout prix, parce que j'en prévois toutes les conséquences désastreuses pour les deux colonnes des industries de l'ameublement.

COMME INSTRUCTION GÉNÉRALE, je désire démontrer par les points complémentaires qui vont suivre que : — Tous les accidents qui arrivent dans notre malheureuse société, soit aux patrons et ouvriers de l'ameublement, soit dans les autres branches de l'activité sociale, sont la faute unique de nos fausses institutions individualistes, mais non point celles des hommes qui sont presque tous bons, AU FOND, et qui deviendraient excellents les uns pour les autres si leurs intérêts producteurs étaient organisés.

De même qu'avec un orchestre composé d'excellents musiciens on peut néanmoins faire de la fort mauvaise musique, si le morceau que l'on exécute est mal composé ; — de même, avec les races humaines fort avancées aujourd'hui chez les peuples civilisés, on obtient les plus détestables relations sociales grâce à nos mauvaises institutions politiques, — dont les principes ont été établis pour les peuples d'il y a trois mille ans et plus.

Sous l'influence de l'esprit délétère de nos lois, — les hommes sont aveuglés par l'intérêt privé toujours mis en péril et constamment attaqué par leurs semblables, sous la protection de toutes nos institutions et en l'absence de CONVENTIONS PRÉLIMINAIRES basées sur les droits réciproques et naturels de l'homme, représentés par les besoins matériels que la nature lui a imposés.

La tromperie, l'hypocrisie ; enfin le mensonge sont donc bien les fils et les filles de notre état social et non point des vices inhérents à l'espèce humaine ; — c'est ce que je vais essayer de démontrer encore dans le reste de ce volume.

3°

LE MENSONGE

FALSTAFF. Comment, nous sommes sujets
à ce défaut, le mensonge !
(Seconde partie du *roi Henri IV*, scène IX.)

« Turpe est mentiri, *il est honteux de mentir* », « *dit la*
» *grammaire de Lhomond. Si c'est là un simple exemple de*
» *linguistique, va pour la phrase. Mais si son auteur a, par-*

» *dessus le marché, eu la prétention d'énoncer un axiome de*
» *morale sociale, il s'est trompé, ou a trompé les jeunes géné-*
» *rations scolaires et abusé de leur candeur.*

» *Comment, en effet, serait-il honteux de mentir, lors, au*
» *contraire, que tout est tartuferie, hypocrisie, ruse, feinte,*
» *détours habiles, circonlocutions, ambages, mensonges? —*
» *Lorsque ceux-là précisément seraient bafoués, honnis, cons-*
» *pués, chassés, traqués, douchés comme déments ou enfermés*
» *comme malfaiteurs, qui s'aviseraient de toujours dire la*
» *vérité, et obstinément, en toute occurrence, partout et tou-*
» *jours se refuseraient à mentir?* »

*
* *

« *Les gouvernants mentent aux peuples et se mentent les*
» *uns aux autres. Les diplomates échangent des notes, des*
» *missives, des communications : autant de mensonges; et*
» *ceux qui les lisent n'en sont pas plus dupes que ceux qui les*
» *ont écrites. — Les programmes des hommes politiques, les*
» *boniments financiers : mensonges.*

» *L'éducation générale n'est qu'une longue suite de men-*
» *songes. Le juge trompe l'accusé pour lui arracher l'aveu de*
» *son crime, et l'accusé trompe son juge pour se soustraire au*
» *châtiment. Le médecin trompe ses malades : par vanité, il*
» *travestit en cas grave la légère indisposition de l'un; par*
» *humanité il promet à l'autre la guérison, encore qu'il le*
» *sache incurable. — Don Juan trompe la fille qu'il veut sé-*
» *duire en lui jurant qu'il n'aime qu'elle. Don Juan est lui-*
» *même trompé par une gourgandine qui se fait à ses yeux*
» *passer pour une Agnès. Deux amis, deux frères se trouvent*
» *seuls : « Causons, disent-ils, à cœur ouvert. » Et ils cau-*
» *sent. Mais, en devenant paroles, les sentiments qu'ils avaient*

» dans leurs cœurs se déforment. — Ce qui part du cœur vé-
» rité sort mensonge de la bouche. Du haut en bas de l'échelle
» sociale on ment. Sur dix mots, huit faussetés. On ment par
» politesse, par convenance, par faiblesse, par pruderie, par
» ambition, par intérêt, par crainte, par besoin, par cupidité,
» par nécessité, par vanité, par bassesse, par indifférence, par
» habitude, par légèreté, par calcul, par perversité. Les
» motifs de mentir sont nombreux comme les grains de
» sable de la plage marine, comme les points lumineux de la
» voie lactée. Pas un penchant, pas un instinct, pas une pas-
» sion, pas une qualité, pas un vice dans l'âme humaine qui
» ne puisse aboutir au mensonge. On ment quelquefois par
» devoir. Le mensonge est à ce point dans notre nature, à ce
» point inhérent, idiosyncrasique à l'homme, qu'il arrive à se
» faire vertu. Il y a « DE PIEUX MENSONGES », *des mensonges*
» nobles et beaux.

» O société! le mensonge sous toutes ses formes, — depuis
» la forme politesse jusqu'à la forme programme poiltique,
» est le ciment qui relie les pierres de ton édifice.

» GRAMMONT. »

Oui, le mensonge et la tromperie sont à l'ordre du jour dans l'espèce humaine actuelle; — mais je désire démontrer que ces vices sont inoculés à l'homme par l'esprit malfaisant de nos lois; — et la preuve, c'est que, obligé de mentir et de tromper constamment, l'homme repousse et condamne avec horreur la tromperie chez les autres, — tout en la pratiquant en secret lui-même, forcé qu'il est par son intérêt privé qu'il doit constamment défendre par ruse, force et même trahison.

Le mensonge n'est point dans la nature de l'homme comme l'insinue l'auteur de l'article ci-dessus ; non, l'homme est généralement bon et généreux lorsqu'il ne craint point pour ses intérêts matériels ; — l'esprit de la famille consanguine démontre complètement la vérité de la bonne nature de l'homme, que j'affirme résolument ici : — Or, les conventions préliminaires garantissant partout les intérêts du citoyen en lui ôtant absolument la liberté d'attaquer ceux de son prochain, — l'homme apporterait fatalement par ce moyen, l'esprit de la famille dans toutes et chacune de ses relations sociales : — Alors, le niveau des civilisations humaines monterait peu à peu jusqu'aux horizons ou se trouvent la paix du cœur et le bonheur sous toutes ses faces possibles ici-bas.

Je continue par démontrer que le mensonge et la tromperie sont inscrits partout dans nos lois, — et que le rejet de l'esprit conciliateur par les conventions préliminaires, — enfante bien réellement la division et la guerre entre les hommes.

*
* *

En premier lieu, l'article 7 de l'arrangement général du 14 juillet 1880 convenu entre les patrons et ouvriers du meuble sculpté de Paris, — n'ayant pas été mis à exécution au moyen des conventions préliminaires qu'il prescrivait ; — il s'en est naturellement suivi que : — Quelques patrons pensant être dans le vrai, ont fait signer à leurs ouvriers des conventions de prix au-dessous des vingt pour cent d'augmentation convenus : — D'un autre côté, des ouvriers pensant également être dans le vrai, ont fait monter peu à peu les prix au-dessus de cette convention, en menaçant les patrons de l'index, lequel a même été mis plusieurs fois à exécution.

De là, nouveaux dissentiments, discussions et désaccords, que les tarifs d'ateliers convenus solennellement par l'article 7 de notre arrangement général auraient rendus impossibles : — La liberté individuelle, sans convention et organisation préliminaire a donc enfanté ici le mensonge et la tromperie de part et d'autre comme elle le fait partout ailleurs ; — on voit une fois de plus que : — De même que tous les autres droits du système social de l'individualisme, la liberté individuelle non reglémentée par celle du prochain est une arme à deux tranchants.

Le travailleur Jésus a flagellé en ces termes le vicieux système de l'individualisme, en disant aux Pharisiens, fils et souteneurs de ce système de société :

Le Père dont vous êtes issus, c'est le diable, il a été meurtrier dès le commencement (1)*; la vérité n'est point en lui : — Toutes les fois qu'il dit le mensonge il parle de son propre fonds, car il est menteur et le père du mensonge.*

(Jean, chapitre XIII, verset 44.)

(1) Toutes les fois et dans chaque pays ou le règne *du Diable*, c'est-à-dire le système social de l'individualisme *pur* a été imposé aux populations, — comme au début du Brahmanisme, à la chute de la religion du travail des premiers Grecs, à l'époque du premier Macchabée, etc. ; — ou que sa puissance a été considérablement augmentée, comme cela a lieu par l'anéantissement des corps d'arts et métiers de la Nationalité française, son organisation s'est toujours produite par les guerres, le meurtre et les massacres.

J'en arrive aux mensonges et aux tromperies que nos lois de l'individualisme moderne autorisent les hommes à pratiquer les uns contre les autres, afin de les diviser de plus en plus par les intérêts matériels.

L'article 1793 *du Code civil* s'énonce ainsi :

« *Lorsqu'un architecte ou un entrepreneur s'est chargé de*
» *la construction à forfait d'un bâtiment d'après un plan*
» *arrêté et convenu avec le propriétaire du sol, il ne peut*
» *demander aucune augmentation de prix, ni sous le prétexte*
» *de l'augmentation de la main-d'œuvre ou des matériaux,*
» *ni sous celui de changements ou augmentations faits sur ce*
» *plan, si ces changements ou alignements n'ont pas été au-*
» *torisés par écrit et le prix convenu avec le propriétaire.* »

Il est bon de répondre à cet article de loi :

En fait, jamais, ou presque jamais il n'est donné d'écrit pour les travaux supplémentaires de tous les corps d'états du bâtiment, par l'excellente raison que cela est presque impossible dans la pratique pour toutes les affaires importantes, parce que les suppléments se commandent en détail à chacun des rendez-vous qui sont donnés dans les bâtiments en construction.

Et pourtant, il n'a jamais été construit un seul bâtiment dans lequel les travaux de toutes les professions n'aient pas dépassé peu ou beaucoup les prévisions de l'architecte et du propriétaire, contenues dans les cahiers de charges et dans les marchés signés à forfait.

Quatre-vingt-dix fois sur cent, les suppléments des

travaux de bâtiment sont payés par les propriétaires et architectes honnêtes, et toujours par les administrations publiques, malgré les possibilités de l'article 1793 et celles des marchés à forfait.

Mais est-il logique de mettre ainsi les intérêts d'une notable partie des citoyens d'un pays dans les mains de quelques autres citoyens et sous la seule garantie du bon plaisir de ces derniers??

Non, cela n'est pas logique; car quelques propriétaires profitent journellement de l'article 1793 du Code civil, pour ne pas payer les travaux supplémentaires qu'ils ont commandés et dont la valeur vient augmenter leur fortune, quand son absence dans la caisse d'un entrepreneur fait protester quelquefois sa signature à plusieurs fins de mois.

Il y a même de grandes sociétés que l'on appelait il y a quarante ans les bandes noires, qui ont fait pendant de longues années de larges et fructueuses spéculations avec l'article 1793.

Mais quand bien même cela ne serait pas, il suffit que cela puisse exister pour que la conscience humaine se révolte contre de pareilles possibilités introduites dans les lois.

On peut donc dire avec vérité :

Les ruines du travail n'ont pas de circonstances atténuantes dans les lois, — lesquelles en sont bien souvent la seule cause.

Des législateurs économistes ont, en effet, mis avec raison à la disposition des juges les circonstances atténuantes en faveur des criminels; mais pour les lois qui, comme l'article 1793 du Code civil, mettent les intérêts professionnels à la merci des intérêts civils, il n'existe aucune atténuation pour adoucir les déchirements de l'intérêt sacrifié.

∴

Comme on le voit, l'article 1793 du Code civil sollicite et autorise les citoyens à mentir et à se tromper les uns les autres, tandis que : — Si des conventions préliminaires sur la valeur relative de tous et chacun des produits du travail existaient, personne n'aurait plus intérêt à mentir comme cela existe aujourd'hui, grâce à l'esprit de presque toutes lois du système social de l'individualisme.

On objectera peut-être : — Mais le droit de faire des conventions préliminaires existe, elles peuvent se produire librement et se produisent tous les jours ainsi, — je réponds :

Les conventions préliminaires représentent bien aujourd'hui la loi des parties devant la justice, mais le tort de cette situation est l'obligation de les reproduire individuellement à chaque transaction, quitte à les faire interpréter par la magistrature : — Tandis que cette loi des contrats qui constitue aujourd'hui le champ de la bataille des intérêts prendrait une puissance sociale immense si elle était pratiquée directement et collectivement par spécialités professionnelles et entre les intérêts différents, — au lieu de l'être individuellement comme l'exige le système diviseur et corrupteur de l'individualisme.

Les conventions préliminaires consenties collectivement par les parties intéressées elles-mêmes, constituent donc la base essentielle et pratique du règne de la justice.

∴

Les contrats de mariage. — Une autre cause fort importante de mensonges et tromperies employées pour arriver à ruiner son prochain, réside dans les droits et facilités que la loi donne aux familles pour établir les contrats de mariage de leurs enfants et parents.

Exemple : Un monsieur, très riche selon la notoriété publique loue un hôtel particulier, achète des chevaux, des bijoux, etc., etc., donne quelques acomptes à valoir; puis, lorsque les créanciers se présentent pour recevoir leur argent, ils apprennent que ce monsieur est marié sous le régime dotal, que sa femme possède toute la fortune, et qu'ils n'ont aucun droit pour se faire solder.

Il est encore heureux qu'un commerçant apprenne cela de suite, parce qu'alors il est fixé sur son malheur; mais ce qui est le plus désastreux, c'est quand un malheureux négociant a poursuivi pendant des années un débiteur de ce genre et qu'il apprend un jour qu'il n'y a plus rien à espérer, son débiteur étant marié sous le régime dotal.

Il est impossible à un négociant de se prémunir contre ce danger; car, s'il demandait aux clients qui viennent lui faire des achats ou des commandes d'apporter avec eux leur contrat de mariage, ces derniers se sauveraient bien vite.

Le mariage sous le régime dotal est donc un nouveau piège tendu au commerce et à l'industrie par nos lois physiocratiques, au profit des gens de mauvaise foi qui veulent profiter de cette facilité.

On comprend de reste que si l'Assemblée nationale qui a voté les articles 1540, 1541, 1554, 1560 et 1569 du Code civil établissant en droit le régime dotal, avait été composée d'une partie proportionnelle de commerçants et de travailleurs, ces articles n'auraient sûrement pas été votés tels qu'ils sont.

Jusqu'ici, malheureusement, les assemblées nationales ont été à peu près dépourvues de travailleurs, commerçants, propriétaires et industriels, c'est-à-dire de ceux pour lesquels les lois sont faites et qui payent presque tous les impôts.

∴

Le mariage en séparation de biens. — Un fils de famille se marie séparé de biens à une dame, qui lui apporte, par exemple, cinq cent mille francs en dot.

Cette somme ne lui suffit pas, il veut gagner des millions et il fonde, à cet effet, une grande entreprise commerciale.

Cet homme se dit ou peut se dire : Si je réussis je deviendrai très riche ; mais si je ne réussis pas, je serai toujours dans la même situation, car ma femme, protégée par notre contrat de mariage, viendra reprendre à ma faillite les cinq cent mille francs qu'elle m'a apportés en dot, et j'aurai toujours 25,000 francs de rente.

Quand un citoyen n'est pas commerçant le tour est bien plus facile : après avoir fait toutes les dettes possibles, un monsieur peut passer le loyer de son appartement au nom de sa femme, cette dernière renonce à la communauté et les créanciers, y compris le boulanger et le boucher perdent tout.

Quand un homme profite ainsi de son contrat de mariage pour frustrer ses créanciers, l'opinion publique le blâme et lui décerne les titres les plus injurieux : — Mais je me suis toujours demandé pourquoi personne ne pense à blâmer plus sévèrement encore les hommes qui ont fait les lois qui permettent, protègent et laissent impunis de semblables méfaits.

*
* *

Le mariage simple peut donner à peu près les mêmes résultats que le mariage séparé de biens.

En effet, quand un grand industriel va faire faillite, il peut, la veille ou le matin même se séparer de biens d'avec sa femme ; alors, cette dernière vient retirer sa dot de la faillite de son mari ; son privilège porte en entier, de par la loi, sur les immeubles achetés il y a au moins deux ans ; puis, elle vient partager au prorata avec les autres créanciers sur toutes les valeurs mobilières.

La loi appelle cela protéger la fortune des familles !

Et les familles des industriels qui sont dépouillées, sont-elles donc moins intéressantes que celles de ceux qui les ruinent ?

Il est certain que si l'homme dont je parle fait fortune, c'est lui, sa femme et ses enfants qui en profiteront ; mais s'il fait faillite, ce sont ses créanciers seuls qui perdront ! !

Un honnête homme doit donc se dire :

L'injustice la plus révoltante découle, dans la pratique, des possibilités qui existent par les contrats de mariage établis ou conservés dans les lois par les politiciens de la Révolution et leurs successeurs.

*
**

Enfin, par les contrats de mariage sous le régime dotal et en séparation des biens, la loi semble avoir voulu garantir la femme et les enfants contre l'inconduite du mari.

Mais, dans la pratique, ce sont les femmes et les enfants de ceux qui font crédit aux hommes d'inconduite qui sont leurs victimes!

Où est la justice de cette situation?

Il est donc de toute urgence qu'une loi oblige au plus tôt, sous peine de punitions correctionnelles, ceux qui ont inséré dans leur contrat de mariage des clauses qui protègent les biens de la femme ou du mari, à en avertir officiellement toutes les personnes avec lesquelles ils traitent des affaires à crédit, afin que le prochain de chacun sache à quoi s'en tenir et connaisse les risques qu'il court.

Il est certain que le dépôt au greffe civil et commercial que la loi ordonne pour les contrats de mariage, est une garantie illusoire, car personne ne s'en occupe ni ne peut sérieusement s'en occuper : Il y a au moins quatre-vingts-dix-huit personnes sur cent qui ne connaissent même pas l'existence de cette formalité.

Il faudrait que les contrats de mariage n'existent pas pour les intérêts des tiers, qui ne devraient être régis que sur le principe de la communauté; — cela apporterait la justice partout ou les lois de l'individualisme ont apporté l'iniquité relativement aux contrats de mariage.

*
* *

Les conseils judiciaires représentent également un droit révoltant contre les intérêts du prochain : — *Exemple* : Un monsieur riche vit largement et paie bien ses fournisseurs, mais sa famille trouve qu'il dépense trop et lui donne un conseil judiciaire; — alors, ce monsieur peut faire les mêmes dépenses puisque ses fournisseurs bien payés jusqu'ici ont confiance; mais alors, ces derniers ne seront plus payés que partiellement grâce à la loi sur les conseils judiciaires dont les nominations se publient, il est vrai, mais personne ou presque personne ne connaît ces publications :

Il est bien difficile de comprendre pourquoi un particulier qui ne paie pas ses dettes ne peut pas être mis en faillite comme un simple négociant?

Cela se pratique en Amérique et en Angleterre et c'est justice, car les meilleurs résultats économiques en découlent.

Ce privilège a été établi en France, ou plutôt il a été conservé par les constituants de la Révolution contre le travail et le commerce; il est la cause de beaucoup de faillites par certains mauvais payeurs protégés dans les lois; — de plus, en l'absence du droit de réunion professionnelle, il laisse le travailleur sans appui et sans soutien sous prétexte de liberté!!

*
* *

Les faillites du commerce et de l'industrie sont encore multipliées par la longueur des procès qui ont pour but de discuter les créances.

J'ai lu quelque part que : — A l'abri des lois de la société moderne on peut prendre le chapeau sur la tête d'un homme qui passe dans la rue; puis, on n'a qu'à déclarer que ce chapeau n'est pas à la personne qui le portait et à en faire le dépôt, toujours selon la loi.

Par ce moyen, on peut facilement pendant plus d'une année empêcher le légitime propriétaire de prendre possession de son chapeau.

De même que bien des gens dans la vie, le propriétaire du chapeau a donc intérêt à se laisser voler.

Comme on le voit, cette fausse situation du droit public rendue possible par l'ensemble des lois modernes, est à peu près semblable à celle de l'ancien régime critiquée ainsi par Montesquieu :

« Si l'on m'accusait d'avoir volé les tours Notre-Dame, je commencerais par me sauver ! »

∴

D'un autre côté, il est certain qu'un homme non négociant peut facilement retenir pendant trois ou quatre ans les sommes qu'il doit à un commerçant, s'il veut bien profiter des mille moyens qui existent pour contester les achats et fournitures.

Beaucoup de négociants dans ce cas-là peuvent facilement tomber en faillite en attendant la rentrée de leurs capitaux ainsi retenus.

Quand ce malheur arrive, il en résulte une très mauvaise note pour le réclamant devant le tribunal, car les conseils de la partie adverse ne manquent pas de s'en servir pour diffamer le plaignant dans la limite des termes que l'on ne peut pas attaquer la loi en main.

De plus, pendant les trois ou quatre ans que durent nécessairement les procès, les créanciers qui étaient bons au début peuvent très bien devenir mauvais lorsqu'ils sont arrivés à être forcés de payer ; ce qui fait que le malheureux travailleur perd capital, intérêts, frais de première instance, d'appel et quelquefois de cassation.

Il est bien évident que le commerce et l'industrie, c'est-à-dire le travail, engloutissent des sommes énormes et un temps précieux dans les luttes judiciaires où les gens de mauvaise foi les attirent, pour les faire succomber sous l'imperfection de nos lois.

Toutes ces ruines, avec les désespoirs et les corruptions qu'elles entraînent, seraient évitées par la fédération générale du travail et des intérêts, parce qu'alors le jury moraliserait bien vite la cuisine des tribunaux.

PRIVILÈGES DES PROPRIÉTAIRES DANS LES FAILLITES. — Je viens d'extraire de nos lois quelques-unes des causes qui ont créé la plupart des innombrables faillites qui ont eu lieu dans le cours de ce siècle.

Il me paraît utile de clore cette série de privilèges physiocratiques par l'examen du droit exorbitant qui est accordé par les lois à l'intérêt civil dans les faillites elles-mêmes.

Un commerçant ou un industriel loue une boutique ou un établissement ; — incertain à juste titre du succès qu'il a le droit d'espérer comme prix de ses talents et de son activité, il désire faire un bail à terme court ; mais à force de travail et d'intelligence il parvient à faire connaître l'industrie qu'il vient de créer,

— et à doter, par le fait, la maison qu'il habite de la valeur entière de son fonds de commerce.

Dans cette situation, aussitôt que le locataire veut renouveler son bail, le propriétaire peut en profiter pour doubler et tripler les loyers; de cette façon, il arrive à louer, avec son immeuble, le fonds de commerce que l'industriel a pu acquérir à force de travail et d'intelligence.

Le négociant qui craint de nouvelles augmentations fait un bail plus long, mais une révolution peut survenir et ruiner son industrie; quand ce dernier cas se présente il ne peut payer, c'est alors que le propriétaire intervient dans son arrangement d'affaires ou dans sa faillite avec un privilège que la loi donne, lequel lui permet de toucher ses loyers pour une bonne partie de la durée du bail en cours (1).

Malgré cela, la plupart des propriétaires ne profitent pas de toutes les facilités que la loi leur accorde.

Il est certain que des commissions mixtes pour les estimations locatives apporteraient encore l'équité dans cette partie des relations sociales. Car, sous le régime de l'égalité honnête, toutes les spécialités de la propriété ainsi que tous les genres d'intérêts doivent être considérés comme aussi respectables les uns que les autres.

En dehors d'une situation économique ainsi comprise, il ne peut y avoir que luttes et batailles entre tous les intérêts, avec le despotisme qui en est la conséquence.

(1) Il y a quelques années, le propriétaire avait le droit de toucher la valeur des loyers de toute la durée des baux, en cas de mort ou de faillite, quelle que fût du reste leur durée.

* * *

Je viens de citer quelques-unes des lois principales dont l'injustice est plus visible et plus saisissante que dans les autres; — mais toutes ou presque toutes les autres sont entachées du péché originel, que leur a inoculé le père du mensonge et de la tromperie, qui est le système social de l'individualisme.

La conscience humaine est donc profondément blessée tous les jours de la vie par notre système de société, relativement aux relations d'intérêts entre les hommes : — C'est-à-dire par le mal qui se produit tous les jours sous le couvert du droit écrit par les multiples moyens légaux que la loi met entre nos mains.

Cette situation sociale existait déjà au temps du grand philosophe de Nazareth, puisque c'est elle qui a tué la nation juive environ trente-cinq ans après l'assassinat de ce juste; — cette situation sociale et légale, dis-je, a fait déclarer au grand réformateur que :

« *Tout ce qui se passe dans ce monde est une abomination* » *devant les lois de la Nature.* »

Je répète et ne cesserai jamais de repéter que : — La cause de tout ce mal est due à l'absence de conventions préliminaires, dans le genre de celles qui existent pour les tarifs de la ville de Paris; — lesquelles devraient être obligées au regard de tous et chacun des intérêts producteurs; — mais ces conventions devraient être faites par les intéressés eux-mêmes réunis professionnellement à cet effet; — afin d'éclairer les égoïsmes et réglementer fraternellement la liberté individuelle, dans le but de la garantir elle-même de ses écarts.

*
* *

Ne croyez pas, cher lecteur, que les patrons et ouvriers repoussent les tarifs et conventions préliminaires; — j'ai tenu à partie sur ce sujet beaucoup des plus intelligents de nos colonnes patronales et ouvrières, tous sont d'accord sur l'excellence de cette chose qui marquera la fin des discordes du travail; — mais c'est trop nouveau, disent ceux qui pourraient entraîner les autres, cela viendra petit à petit, il ne faut rien brusquer, etc. — Ce raisonnement n'est pas sérieux, on voit qu'il est le fils de la puissance de l'habitude, mais surtout de nos institutions sociales dont l'esprit est la division des intérêts par la tromperie.

Les patrons et ouvriers du travail national se donneront-ils bientôt la paix et le bonheur dans le travail par les conventions préliminaires et les commissions mixtes? — Je ne sais, mais je sais bien que cela s'organiserait de suite si une loi édictée par le pouvoir suprême de la nation venait en imposer les devoirs. — *Exemple :* les professions du bâtiment jouissent, comme il est dit plus haut, de la moitié de ce grand bienfait social, grâce aux tarifs de prix d'entreprises que la ville de Paris a *imposés* aux entrepreneurs, — et chacun a docilement obéi : — Ces mêmes tarifs, discutés, consentis et établis par les intéressés eux-mêmes, auraient donc une puissance et une influence bien des fois plus considérables que ceux de la ville imposés arbitrairement

La valeur de toute chose étant laissée généralement au hasard de la spéculation, comme cela a lieu aujourd'hui; — les erreurs les plus grossières se produisent et ont cours relativement aux bénéfices de la grande industrie; — **exemple** : — Je lis dans le n° du 29 septembre 1882 du journal, **le Quartier latin.**

« *Que gagnent, par jour, la plupart des femmes qui tra-* » *vaillent dans les ateliers de Paris?* — *Deux francs cin-* » *quante centimes au plus :* — *Combien le patron retire-t-il* » *du produit de ce travail?* — **De dix à vingt francs au** » **minimum!** »

La vérité est que l'industrie gagne de 50 centimes à 1 franc de bénéfice net en moyenne, par journée d'ouvrier ou d'ouvrière : — Mais les politiciens font courir les bruits ci-dessus afin de rendre de plus en plus les patrons et les ouvriers ennemis irréconciliables.

Les tarifs de vente et de façon feraient cesser instantanément ces mensonges et tromperies, tout en améliorant considérablement les situations patronales et ouvrières.

En attendant le règne de la justice qui viendra peu à peu par les conventions préliminaires entre tous les intérêts des hommes; — il nous faut le préparer par une sérieuse réforme de la magistrature; — afin d'introduire l'équité au lieu et place du droit écrit pour le jugement de toutes les causes, dans lesquelles ce dernier apporte l'injustice; c'est-à-dire l'iniquité : — voici ma proposition sur ce grave sujet.

4°

SUR LA RÉFORME DE LA MAGISTRATURE

Le plus sûr moyen de préparer les populations au règne de l'équité, enfin de la justice véritable par les *conventions préliminaires* faites entre les parties intéressées ; — est de mettre à exécution l'unique médium qui existe pour purifier peu à peu notre droit judiciaire, si profondément altéré par les lois écrites existantes ; — ces lois représentent les craintes, les égoïsmes et les ambitions de plusieurs générations de gouvernants : — Ce moyen purificateur est le jury, — appliqué indistinctement à tous les tribunaux civils et commerciaux.

Par le jury, nous aurons partout les jugements et arrêts basés sur l'esprit de la famille, au lieu et place de ceux actuels qui sont, — pour la plupart, fondés sur la lettre du *droit écrit* au profit des usuriers, des justiciers et de tous les autres hommes malsains du monde des affaires véreuses de la spéculation.

Au temps des passeports, c'était toujours les voleurs qui étaient en règle et presque jamais les honnêtes gens, qui ne percevaient pas l'utilité en pleine paix de ce reste de la Terreur (1); il en est exactement de même dans les procès ou les honnêtes gens ne sont presque jamais en règle contre toutes les nuances spécieuses du droit

(1) Ce sont les constituants de 1793 qui ont inventé les passeports et les cartes de sûreté.

écrit ; — tandis que les exploiteurs de la justice civile ont presque toujours et à la fois, le droit de leur côté et l'équité contre eux.

Le jury rectifiera cela au grand profit de la moralité des mœurs publiques ; — de plus, les fonctions de jurés constitueront un immense courant civilisateur dans les populations actives (1).

*
* *

Un grand jurisconsulte a dit :

L'exagération du droit devient l'injustice.

La belle parole de cet honnête homme sera toujours impuissante contre les injustices que le droit écrit apporte dans la pratique ; — tant que les pères de famille ne seront pas, comme jurés, les rectificateurs des mauvaises passions humaines dans toutes les causes civiles aussi bien que criminelles.

En effet, les magistrats qui sont parfaitement honorables pour l'immense majorité, sont malheureusement d'un monde absolument à part de celui qu'ils ont chaque jour à juger; — aussi, ne sentant pas bien l'esprit de toutes les multiples passions d'intérêts qui se déroulent devant leurs yeux ; les juges ont pris la logique habitude de juger en droit et selon les coutumes du Palais. — Exemple : les magistrats qui ont sept, dix, vingt et trente mille francs au maximum de traitement annuel, n'ont jamais bien compris les bénéfices bien des fois supérieurs à leur traitement qui se font souvent en quelques

(1) Les fonctions de jurés devront être rétribuées, afin de les rendre accessibles à toutes les intelligences ; — de plus, les jurés doivent être tirés au sort dans des catégories d'hommes choisis et nommés au besoin par leurs concitoyens et par profession.

minutes, dans le monde des affaires; — alors, ils se rejettent sur le droit écrit et laissent passer les agissements qui leur sont signalés, s'ils n'ont pas un texte de loi précis contre eux.

On le voit, en l'absence des lumières du jury, les magistrats sont pour ainsi dire obligés en tout et partout d'agir à peu près comme ce tribunal correctionnel; qui a condamné à six mois de prison un père de famille pour avoir volé un pain de quatre livres, afin de nourrir ses enfants affamés par la misère; — puis, le même jour, ce même tribunal a acquitté un grand faiseur, qui avait gagné des millions en se tenant sur la lisière du droit écrit et avait ruiné un grand nombre de familles, parmi lesquelles se trouvait celle du malheureux qui avait volé le pain de quatre livres et reçu six mois de prison pour cela.

Le jury ne laisserait pas s'accomplir cette anomalie, ni aucune des autres résultant du droit écrit; — lesquelles consistent à excuser les grands spéculateurs qui sèment la misère, le crime et le délit au travers des sociétés; — puis, à condamner leurs victimes, obligées de mal faire par leurs besoins.

∴

On parle beaucoup de l'élection des magistrats, je repousse ce moyen de réforme de toutes les forces de mon âme, comme destiné à avilir la justice.

Mais si nous jouissions de l'institution du suffrage universel corporatif; c'est-à-dire de celui ayant la profession pour base pratique avec les commissions arbitrales mixtes pour diriger les réunions électorales; — ah! alors, je craindrais beaucoup moins l'élection des magistrats :

Mais aujourd'hui, sous la pression du suffrage universel aveugle dont nous a doté Ledru-Rollin pour éviter l'organisation du travail ; — avec le suffrage universel des moutons de Panurge, dis-je, — dirigé, mené et même conduit par le bout du nez au moyen de la grande conspiration politicienne ; nous aurions encore là et cette fois-ci pour magistrats, c'est-à-dire pour dispensateurs de l'honneur et de la fortune des citoyens ; beaucoup d'énergumènes des bas-fonds de la politique, du communisme, c'est-à-dire de la spoliation, — lesquels veulent UN MAIRE DE PARIS nommé par leur influence électorale ; — afin de pouvoir être les dispensateurs des deux cent cinquante millions des budgets annuels de la capitale.

Il vaut donc mieux conserver les honnêtes magistrats inamovibles que nous avons ; — puis, introduire l'équité dans leurs jugements et arrêts par le moyen du jury, en les soustrayant ainsi à l'exagération du droit écrit qui paralyse tous les jours beaucoup de leurs bonnes volontés.

La réforme de la magistrature par l'institution générale du jury civil et commercial, représente le plus excellent commencement possible de la modification de notre état social, que chacun attend comme le Messie.

En un mot, — le jury viendra rectifier l'injustice journalière résultant de la lettre de beaucoup de nos lois, — car le jury perçoit bien les résultats pratiques des faits qui lui sont soumis, — sans se laisser généralement impressionner par les règles fort souvent caduques du droit écrit ; alors, les procès diminueront presque de suite de moitié et les haricoteurs qui infestent les audiences déserteront peu à peu le Palais.

*
* *

La Nation se jugeant par elle-même constituera le point central du gouvernement de tous par tous ; — ce point central pacifiera peu à peu l'âpreté de toutes les luttes de l'intérêt privé et il rayonnera petit à petit sur les autres branches des relations humaines qu'il illuminera tour à tour : — De plus, le jury civil sauvera la magistrature actuelle de l'effondrement momentané ou définitif, qui l'atteindrait sûrement sans cet établissement sauveur, à l'époque des grands cataclysmes guerriers et révolutionnaires qui se préparent ; — lesquels seraient considérablement atténués dans leurs violences par l'institution essentiellement moralisatrice du jury civil.

En un mot et comme point psychologique de cette grave question.

D'après l'esprit des lois de la nature, le Jéhovah judiciaire est composé de trois personnes.

1° Le père *(générateur de toutes les décisions)*, qui est le Jury.

2° La mère *(chargée de procréer les sentences d'après les lois interprétées par le Jury)*, qui est la magistrature.

3° Le fils, qui est le public, dirigé et moralisé tous les jours de la vie par le fonctionnement des deux premières personnes de la justice.

Le tout ne formant qu'une seule et même personne, qui est l'humanité militante, c'est-à-dire incarnée.

5°

LA MAIRIE CENTRALE DE PARIS

On lit dans les journaux qui désirent introduire l'élément politique dans les conseils municipaux de tout le pays, quelques articles et entrefilets dans le genre de celui-ci.

« *La question de la mairie centrale de Paris donnera très* » *probablement lieu à un débat public dès la rentrée du Par-* » *lement. — Elle sera de nouveau portée à la tribune de la* » *chambre, soit sous forme d'interpellation, soit sous forme* » *de projet de loi, etc, etc.* »

Ces articles et entrefilets représentent évidemment des ballons d'essais; — néanmoins, il est certain qu'un assaut se prépare dans le camp des politiciens qui trompent les populations laborieuses avec les revendications communardes, destinées, si elles aboutissaient, à rendre encore les prolétaires infiniment plus malheureux qu'ils ne le sont : — Quand donc les ouvriers seront-ils enfin convaincus que la classe productive ne peut attendre son émancipation véritable que du travail et des intérêts organisés? — comme l'a si bien démontré (*en quelques vers*) le poète populaire Lachambeaudie :

La mairie centrale de Paris discutée à la chambre des

députés aura surtout pour but de faire entrer, par transaction, quelques-uns de ses partisans déclarés dans le prochain ministère : Il est donc temps de discuter ou plutôt de préparer l'étude des motifs à opposer à cette grande conspiration, qui a pour objet l'établissement d'une oligarchie des rues et des réunions électorales de la capitale, laquelle serait véritablement la royauté politicienne rêvée par les déclassés des populations.

Les politiciens ont toujours soif d'un maître quelconque pour leur donner argent et bonnes places; — Après le dernier Bonaparte ils se sont fait cadeau de M. Léon Gambetta qui a été pendant dix ans leur idole; — aprèsGambetta trop compromis aujourd'hui en France et à l'étranger; — il faut pourtant une idole aux nouveaux publicains, *mais* cette fois-ci ils la veulent permanente comme la papauté, afin que chacun de leurs chefs puisse en être tour à tour le titulaire au fur et à mesure que le précédent ne serait plus possible, lorsque ses agissements publics et privés seront par trop connus.

Voici le point scientifique de cette situation.

Dans chacune des classes de la société, le système économique de l'individualisme se traduit naturellement par le culte des individus, disons le mot historique, — par l'idolâtrie : — Ici c'est le pape et les rois avec les candidats à la royauté acccompagnés des hautes classes; — plus bas sont les Bonapartes avec les ambitieux de la société ; — plus bas encore, ce sont les énergumènes qui veulent se donner un maire de Paris afin de devenir ses nombreux employés, souteneurs et copains.

Aux époques des émigrations et des conquêtes, c'était le Gétorix, c'est-à-dire le général ou chef des peuplades conquérantes qui était l'individu idolâtré, — mais lorsqu'une grande conquête était assurée, le chef des armées victorieuses était porté sur le pavois; puis, nommé Empereur ou Roi; — enfin, le pays conquis était partagé entre les lieutenants du vainqueur selon les grades et les soldats restaient les serviteurs, au-dessus du peuple conquis et esclave : — C'est là le point de départ identique en tous les temps de la loi du plus fort, base première du droit de propriété territoriale au nom duquel toutes les lois écrites ont été discutées et votées depuis.

Les lois écrites sont votées partout sous l'influence des hommes du pouvoir ; — voilà le sublime du genre.

Un voyageur raconte qu'à la fin du dix-septième siècle un empereur de la Chine faisait ainsi acclamer ses lois à une assemblée de hauts mandarins.

« *Ceux qui acceptent le projet de loi auront à se tenir tran-* » *quilles, mais ceux qui le repoussent doivent s'ouvrir le* » *ventre, disait le Président.*

» *Personne ne s'étant ouvert le ventre, continuait le man-* » *darin président, le projet de loi est adopté à l'unanimité.* »

Avec des formes beaucoup plus douces, les lois des souverains de l'individualisme ont été également votées à peu près en tous les temps par intimidation ; — le Tribunat du premier empire, par exemple, était surtout composé en très grande majorité de gens aussi serviles que les mandarins dont il est question ci-dessus, bien qu'ils n'aient jamais été requis de s'ouvrir le ventre en cas de désapprobation.

Les hommes du Tribunat étaient, pour la majorité, les restes des constituants de 1791 et des pourris du Directoire, leurs dignes prédécesseurs :

Sous les gouvernements monarchiques suivants, un député qui refusait de voter les questions de finances, c'est-à-dire celles de l'exploitation du pays par les budgets, perdait son influence dans les ministères : — En votant contre les dits projets de lois les députés opposants ouvraient donc, par le fait, le ventre de leurs porte-monnaie : — On voit que la Chine n'est, moralement, pas aussi loin de nous qu'on le pense.

Le culte de l'individualisme est encore et surtout l'âme des pouvoirs religieux ; — les idoles de l'individualisme clérical s'appelaient autrefois BRAHMATMATS dans l'Inde légendaire ; puis, PONTIFES, PATRIARCHES, etc. ailleurs ; — aujourd'hui ces idoles sont les PAPES pour lesquels a été inventé le faux Dieu individu moderne, — (*peint par Raphaël sur les murs du Vatican*) dont ils se prétendent les représentants sur la terre.

L'individualisme constituant l'intérêt d'un seul se posant contre celui de tous est une chose mauvaise et vicieuse partout ; — mais plus on descend dans les bas-fonds de la société, plus l'individualisme est détestable, despotique et repoussant dans ses diverses manifestations ; — j'en donne pour exemple le nouveau Pape communard que les politiciens non encore arrivés aux affaires veulent se donner et nous imposer à Paris ; —

afin d'être les dispensateurs des budgets de la ville ; — en tenant en échec le reste de la France au moyen du principe glorifié de l'esprit révolutionnaire de la rue.

La nouvelle idole que sont en train de nous sculpter les déclassés des bas-fonds de la société, aidés par quelques intrigants des régions plus élevées, s'appellera donc LE MAIRE DE PARIS : — Ce néo-Pape de la Religion politicienne entretient dans l'esprit de ces derniers des rêves ambitieux, capitonnés avec les pièces d'or des contribuables parisiens.

Les bénéfices que ces énergumènes retireraient de leur royauté municipale, se produiraient en même temps qu'une notable augmentation de la misère des familles du prolétariat, dont ladite royauté serait la cause principale : — En un mot, les populations ne comprennent pas assez qu'un roi quelconque étant un sérieux élément de souffrances pour elles, beaucoup de roitelets politiciens, satellites du Maire de Paris, seraient bien autrement désastreux pour leur bien-être qu'un seul :

Afin d'être convaincu de ce que dessus il n'y a qu'à savoir additionner.

En définitive, il ne faut pas réfléchir bien longtemps pour voir que la mairie centrale serait le retour effectif à la royauté des rues et des carrefours, dont la commune de 1793 nous donne un avant-goût affriolant : Le maire de Paris serait donc la clef de voûte de la commune révolutionnaire légale.

De même que les assemblées de la monarchie moderne ont à peu près toujours été circonvenues, mais par de meilleurs procédés que celles de la Chine indiqués plus haut ; — de même, la mairie centrale serait moins patibulaire que la commune de 1793 ; — par contre, ses fonctionnaires auraient très probablement des tendresses beaucoup plus marquées pour le contenu des caisses municipales ; — autres temps, autres mœurs et autres goûts ; — Aujourd'hui, tout est au culte du veau d'or !

Il est très étonnant et fort difficile à comprendre que, le prolétariat qui a le premier et le plus à souffrir de toutes les espèces possibles de royautés divines et humaines, ait pu être conduit à soutenir l'établissement d'une mairie centrale à Paris ! ! — Et pourtant, les chefs de ce parti extrême paraissent largement compter sur l'appui et le concours du peuple des travailleurs pour marcher à la conquête de l'idole municipale ; — dans ce but, ils s'efforcent d'organiser le prolétariat parisien en PARTI OUVRIER, avec de nombreux congrès qu'ils fondent périodiquement dans les grandes villes de France, ainsi que par la glorification du principe de la commune qu'il s'agit de transformer en centre politique dans tout le pays (1).

On me dira sans doute que :

Il n'est pas possible de blâmer la royauté municipale dans la personne du Maire de Paris ; — puis, louer sans réserve le principe gouvernemental représenté par le Président de la République.

A cela je réponds de suite : — Si je repousse de toutes les forces de ma logique le roi communard et

(1) Je me charge de démontrer par des arguments irréfutables à ceux qui n'en sont pas encore convaincus que : — PARTI OUVRIER est synonyme de PARTI DES POLITICIENS NON ARRIVÉS.

si je donne complètement mon approbation au président de la République : — C'est parce que ces deux individualités n'ont rien de commun dans leur principe, leur base et leurs conséquences ; mais surtout depuis que l'honnête homme, premier magistrat du pays en ce moment, — a si merveilleusement posé et défini le principe du pouvoir des assemblées publiques, dans leur fonctionnement harmonieux à côté du pouvoir du chef de l'État et de ses ministres.

De par cette liaison gouvernementale que j'approuve entièrement dans son essence, comme elle l'est et le sera toujours par chacun des hommes indépendants, — la France aura peu à peu le système social le plus perfectionné, du jour ou les députés seront devenus les délégués corporatifs de toute l'activité nationale : — C'est-à-dire du jour où le suffrage universel sera professionnel et où les délégués populaires, choisis et nommés parmi les groupes d'intérêts similaires de chaque département, — auront, par conséquent et personnellement, les mêmes intérêts privés et communs à soutenir, tant pour leur propre compte que pour celui de leurs mandants :

Tandis que par le suffrage universel actuel, nos députés sont de véritables mandarins, c'est-à-dire les usufruitiers d'un mandat ne leur donnant aucune responsabilité réelle, ni vis-à-vis d'eux-mêmes, ni vis-à-vis de ceux qui les ont nommés ; — en un mot : — Nos députés et sénateurs ne sont que les représentants d'un intérêt essentiellement sentimental, que l'on a universalisé sous le nom vague et indécis de l'INTÉRÊT GÉNÉRAL : — Ce dernier intérêt est le plus grand ennemi des populations en l'absence de son correctif naturel, qui est l'intérêt commun.

.˙.

D'un autre côté : — Tel que le comprennent les partisans de la commune politique, le Maire de Paris serait véritablement une espèce de roi des Truands et même des Ribauds, dont l'autorité démagogique mettrait constamment en échec les autres pouvoirs existants.

Lorsque l'élément bourgeois prendrait le dessus, le maire de Paris ressemblerait davantage au roi des merciers du moyen âge et de la Renaissance; — mais les luttes entre le maire de Paris communard ou le maire de Paris un peu plus municipal avec les autres pouvoirs publics, n'en existeraient pas moins sur les questions de police, de préséance, d'influence et autres, comme cela a déjà eu lieu en miniature avec le conseil municipal actuel : — Et la preuve que le présent conseil municipal comporte des pensées ambitieuses, c'est qu'il a déjà donné le nom d'Étienne Marcel à une rue; — parce que cet ancien prévôt des marchands est le patron ainsi que le type de la résistance municipale contre le pouvoir central.

Mais les conflits de ce genre auraient une bien autre gravité aujourd'hui; vu la base de pouvoir plus large dont jouirait le maire de Paris, qui serait alors élu par la majorité des électeurs de nos vingt arrondissements. — Ces conflits ne cesseraient que lorsque les communes de toute la France seraient reliées entre elles par le principe politique, après avoir été déclarées autonomes; — alors, le Maire de Paris serait le président ou suzerain (*d'un nouveau mode*) des maires de toute la France.

Ce système de gouvernement serait une oligarchie politicienne, c'est-à-dire la plus détestable de toutes; elle apporterait un désordre social qui hâterait peut-être et par opposition l'organisation professionnelle du pays ou qui l'éloignerait pour longtemps ; car l'étranger profitant de nos désordres civils viendrait sans doute nous rançonner et amoindrir encore nos territoires, mais cette fois-ci beaucoup plus sensiblement qu'en 1870.

Quoi qu'il arrive, je serai fort curieux d'étudier les raisons qui seront données à la Tribune Nationale pour soutenir l'utilité d'une mairie centrale, laquelle ne peut devenir qu'une pomme de discorde à côté du pouvoir également central du pays ; — puis, un élément puissant pour la continuation de la servitude des populations laborieuses : — Quant à l'ombre d'une utilité, elle sera peut-être démontrée, mais aujourd'hui on ne l'aperçoit pas.

En définitive, il est facile de comprendre qu'une Mairie centrale à Paris serait un grand élément de désagrégation (*morale au moins*) de l'unité française, — tandis que la Présidence de la République telle qu'elle est comprise aujourd'hui, en représente le plus sérieux élément d'union.

RÉSUMÉ. — Les éléments d'union sociale que le président actuel de la République a introduits dans nos institutions avec l'accord parfait des pouvoirs publics, se sont déjà traduits en bien par la loi sur les syndicats professionnels due à l'initiative de M. Jules Grévy, et malgré que cette loi ait été un peu atténuée en dernier lieu par le sénat ; — mais cela est facile à rétablir.

Il se prépare encore, grâce sans doute à la même influence, un projet de loi sur l'organisation générale des cantons de France, que je propose au moyen de l'union des comices agricoles et présente ainsi depuis dix ans dans mes ouvrages économiques, comme étant la base indispensable à l'unité collective de l'organisation professionnelle dont je me suis fait le promulgateur.

∴

Appuyée sur ces deux lois : — La France arriverait tout doucement et sans encombre au véritable gouvernement de tous par tous, si les guerres qui se préparent ne viennent pas trop tôt pour entraver CE PROGRÈS pacifique : — En réalité, le but du socialisme est de donner à chaque citoyen au moyen des institutions professionnelles, — une somme de pouvoir administratif de la fortune publique égale aux intérêts producteurs qu'il possède dans la société :

Tandis que le maire de Paris avec les institutions au nom desquelles il serait nommé, aurait pour but de consolider encore, au moyen des communes rendues révolutionnaires par les conseils municipaux fédérés entre eux, — l'administration exclusive des deniers publics par LES POLITICIENS.

Harmonie, ordre et équilibre au moyen de l'organisation des intérêts, voilà ce que nous promet le système de République que nous avons et à laquelle il ne manque que le suffrage universel dans la profession ; — tandis que :

— Les orgies les plus dévergondées du politicisme constitueraient le triste avenir de notre pays, si l'idée de la mairie centrale était adoptée par nos législateurs à la rentrée des Chambres.

Pour les politiciens, la liberté individuelle est représentée par le suffrage universel ; — mais comme ces déclassés font nommer qui bon leur semble ou à peu près au suffrage universel aveuglé par eux, dont nous jouissons, — il s'ensuit que la liberté individuelle est actuellement la servitude relativement à ses manifestations publiques : — Cette fausse liberté est encore plus pernicieuse dans ses manifestations privées.

Les hommes de progrès repousseront donc le maire de Paris, comme étant une émanation politicienne et par conséquent vicieuse et corruptrice au premier chef.

Une fois le courant politicien enrayé par le rejet absolu de cette principale revendication communarde ; le vrai, le seul, — enfin l'honnête socialisme prendra le dessus dans les populations, et il démontrera peu à peu aux hommes du pouvoir tout l'intérêt qu'ils ont à protéger l'organisation professionnelle du pays, — par les tarifs de vente et de façon de chacun des produits de l'activité humaine; — puis, par le suffrage universel prenant sa base dans la profession.

Paris, 22 septembre 1882.

ÉPILOGUE

> L'organisation produit la force des États.
> La liberté individuelle non réglementée collectivement produit la faiblesse des nations.

Le manque d'entente entre les hommes vient évidemment de nos institutions individualistes, lesquelles tendent toutes à diviser les citoyens par leurs besoins et leurs intérêts : — Cette division de plus en plus profonde affaiblit considérablement les sociétés humaines aussi bien que les hommes et leurs familles.

Habitués à la vie de luttes et de hasards qui découle de nos institutions politiciennes, les fabricants de meubles de Paris n'ont pas reconnu l'urgence de s'organiser entre eux et avec leurs ouvriers, ils ne se sont pas même organisés lorsque l'occasion en était si belle à la suite des grèves de 1880 ; — De plus, les mêmes fabricants ont négligé de s'occuper du renouvellement de la famille du travail par les apprentissages : — Aussi, les bons ouvriers deviennent aussi rares aujourd'hui que les gens sans profession deviennent communs. — Je laisse au lecteur le soin de se rendre compte de tous les dangers publics et privés que comporte cette situation générale.

J'ai dit plusieurs fois dans mes ouvrages économiques que :

« *La lumière et le progrès ne peuvent venir que d'en haut.* »

Je viens de faire encore une école avec les patrons du meuble parisien relativement à cette vérité scientifique ; ces chefs d'industries payent bien chèrement aujourd'hui, par l'augmentation disproportionnée de la main-d'œuvre non compensée par celle des prix de vente, — la faute grave de n'avoir pas régularisé définitivement leurs intérêts producteurs avec leurs ouvriers lorsqu'il en était temps ; — c'est-à-dire au lendemain des arrangements qui ont suivi les grèves des professions de l'ameublement en 1880.

Mes conseils n'ayant pas encore été écoutés ; — je prends le parti de m'adresser aux classes élevées, en démontrant moralement à leurs membres par la relation d'un des symboles les plus instructifs de l'âge d'or, — combien les gens haut placés ont intérêt à l'établissement officiel du règne de la justice, et combien son organisation est en même temps conforme à l'esprit pratique de toutes les lois de la nature.

En un mot, je vais essayer d'établir scientifiquement une fois de plus que : — Les bonnes actions réciproques par l'accord et la concorde des intérêts, représentent réellement la seule fortune morale et matérielle, présente et à venir des humains : — Or, si je parviens à convaincre mes auditeurs, ils se diront, organisons le travail, les besoins et les intérêts parce que ; — plus les hommes seront tranquilles et à leur aise, plus la nation sera riche et les familles haut placées n'en seront que plus heureuses.

Enfin, mes lecteurs se souviendront peut-être que l'ouvrier de Nazareth a dit à ce sujet :

« *Accorde-toi au plus tôt avec ta partie adverse.*

Ceci posé, j'arrive au symbole de la vie.

1°

SYMBOLE DU PÉCHÉ ORIGINEL

> La première des sciences est celle de se connaître soi-même.

L'homme est commandé par sa propre organisation spirituelle ; — de par ce fait : — Les sociétés sont la seule cause du bonheur ou du malheur des citoyens, parce que ce sont elles qui empêchent ou facilitent l'organisation spirituelle des individus, — soit qu'elles imposent le système social de la division des intérêts à leur pays ou celui de leur conciliation.

De même que la plupart des symboles védiques, celui du péché originel a été profondément corrompu par le Paganisme d'abord ; — puis, par le Christianisme ensuite.

Voici le résumé de la tradition du Paganisme qui a matérialisé le symbole primitif.

« *Le centaure Nessus, fils d'Ixion et de Nephélé* (nuée),
» *voulut enlever Déjanire femme d'Hercule, mais Hercule le*
» *perça d'une de ses flèches empoisonnées et lui donna la*
» *mort. — Toutefois, en mourant, le centaure assura sa*

» *vengeance car il remit à Déjanire sa robe ensanglantée*
» *comme un gage certain pour lui ramener le cœur d'Her-*
» *cule, dans le cas où celui-ci deviendrait infidèle : Bientôt,*
» *ayant eu à se plaindre de la fidélité d'Hercule, elle lui en-*
» *voya la Tunique de Nessus pour que le héros s'en revêtît :*
» *— Alors, ce dernier fut consumé par le même poison qui*
» *avait fait périr Nessus, et se brûla sur un bûcher pour*
» *mettre un terme à ses souffrances.* »

Quant à la tradition du Christianisme, elle s'éloigne davantage du vrai symbole que la relation ci-dessus : — Notre religion fait simplement pécher Adam et Ève par l'acte conjugal.

Il est certain que le désordre des mœurs prépare les ténèbres de la conscience, mais le désordre des mœurs n'a rien de commun avec les devoirs du mariage qu'Adam et Ève ont accompli avec un seul tort apparent ; — qui est celui d'avoir mis un serpent, c'est-à-dire un politicien dans leur secret : — De plus, la pratique illégale de l'acte de chair condamne fatalement leurs auteurs à vivre maritalement ensemble plus tard : — C'est sans doute cette vérité éternelle que les falsificateurs religieux ont prise au symbole primitif, en la dénaturant.

J'en reviens à la tradition du Paganisme :

Sauf que le mari trompé est Nessus et non pas le Roi Hercule, cette tradition se rapproche beaucoup dans son ensemble du symbole védique du péché originel ; — Je dis dans son ensemble, parce que la tradition mythologique donne très peu de détails sur ce bel enseignement qu'elle se contente d'individualiser.

Les pères du Paganisme ont corrompu les symboles védiques pour les mêmes motifs despotiques que saint Paul, avec les Pères de l'Église, ont falsifié l'histoire et les paroles de Jésus de Nazareth.

2°

EXPLICATION

Tant vaut l'homme, tant vaut la terre. Tant valent les institutions sociales, tant valent les hommes et tant vaut leur pays.

Ainsi que nous l'apprend clairement le symbole védique de la transmigration des êtres, nos destinées de la vie présente sont formées jusqu'à un point et un iota avec les fautes et les qualités de nos existences antérieures ; — les peines et récompenses du talion sont les seules forces créatrices ; — enfin, l'homme s'agite, mais la nature qu'il s'est faite le mène et le conduit.

Tout ce que nous souffrons nous l'avons fait souffrir, toutes les joies et réussites de notre vie correspondent également à des actes de sagesse que nous avons mises à notre avoir : — Lorsque nous opprimons notre prochain individuellement ou par les institutions, nous saturons notre fuseau de la parque Lachésis de fluides plus ou moins malsains, lesquels deviennent plus tard les pôles négatifs qui attirent à nous le même mal par la loi d'attraction des semblables, exactement comme le paratonnerre attire la foudre ; — enfin, par nos actes entachés d'orgueil, d'égoïsme et surtout de sensualité illégale, nous nous enveloppons peu à peu d'une espèce de brouillard fluidique plus ou moins empoisonné par la noirceur de nos agissements :

Mais nous ne pouvons faire du mal à notre prochain comme agent actif, que s'il nous y autorise au moyen d'un pôle passif, représenté par la négation des devoirs selon l'esprit des lois de la Nature dont le sujet en punition s'est enveloppé autrefois : — C'est à ce propos que le grand Réformateur a dit :

« *Il faut que des scandales arrivent dans le monde, mais* » *malheur à celui par qui le scandale arrive.* »

On appelle faussement **accidents** et **hasards** de la vie les événements qui arrivent, lesquels n'en sont réellement que la fatalité.

Chaque homme portant en soi sa destinée, il est fort naturel de penser que l'ensemble des destinées humaines forme les destinées générales des Nations.

« *Celui qui fait le mal a déjà qui le juge,* » a dit le grand Réformateur pour nous enseigner que, chacune de nos actions bonnes ou mauvaises s'inscrivent immédiatement à notre crédit ou à notre débit sur le grand livre de la vie que chacun porte en soi, et qui s'appelle traditionnellement, depuis le paganisme, *la Tunique de Nessus*, ou si l'on préfère, le *périsprit :* — c'est là le vrai *péché originel* de l'époque védique (1).

On voit que : — Celui qui fait le mal a en quelque sorte

(1) Le bouclier ou l'égide de Minerve n'est autre que : L'image morale d'un symbole védique sur l'invulnérabilité de ceux qui ont leur périsprit en bon état, grâce à la sagesse de leur conduite passée.

LE PÉRISPRIT EST L'ORGANE DE TOUS LES SENS, EN UN MOT, C'EST LE GRAND SYMPATHIQUE FLUIDIQUE QUI UNIT LE CORPS A L'ESPRIT.

le droit de l'accomplir ; — mais malheur à celui qui profite de ce droit, et bien heureux celui qui en laisse passer l'occasion sans en jouir :

Voici le point psychologique de cette situation.

« *Ce que vous voudriez que les hommes vous fassent* (si vous étiez à leur place) *faites le leur aussi de même, car c'est là le secret de toutes les lois de la Nature.* »

(*Sermon sur la montagne*).

∴

Après ce point psychologique du Maître, voici les bases principales de sa mise journalière en pratique :

1° Chacun a ressenti plus ou moins et ressent encore fort souvent l'enveloppe vitale formée avec les actes de son existence précédente ; — cette enveloppe est celle que le symbole des trois Parques appelle, *le fuseau de Clotho :* — elle sature en bien ou en mal le fluide vital intermédiaire entre le corps et l'esprit que les spiritualistes nomment *le périsprit :*

Pour un observateur attentif, l'enveloppe bonne, moyenne ou mauvaise du périsprit de chacun des hommes peut se distinguer sur son visage ; ainsi que par l'effet fluidique qu'il produit sur les personnes qu'il approche. — C'est-à-dire que le périsprit plus ou moins transparent indique la charge plus ou moins lourde à supporter par chaque sujet relativement au bilan de son passé ; le travailleur Jésus disait à ce propos.

« *Vous qui êtes travaillé et chargé, venez à moi je vous consolerai* (en vous apprenant votre état fluidique). »

2° Le périsprit saturé par des fluides sains résultant

d'une ou de plusieurs longues existences de devoirs ou de souffrances; la bonne situation du périsprit, dis-je, peut parfaitement faire un homme vertueux pendant toute une existence, quand bien même son crâne démontrerait qu'il est un esprit relativement peu avancé sur l'échelle des êtres.

Le contraire se produit journellement au regard d'hommes intelligents, qui ont souvent une conduite bien au-dessous du niveau de leur avancement véritable; — entraînés qu'ils sont par l'état de leur périsprit; — puis, engagés au mal par nos perfides institutions.

Celui qui a obéi à ses passions en est devenu l'esclave, il a donc affaibli ses organes tout en amoindrissant sa puissance productive ; — enfin, il a enlevé une partie plus ou moins grande de ses sels spirituels, utile à son progrès général et particulier ainsi qu'à celui de son prochain ; — le travailleur Jésus nous a également donné sur ce sujet la sublime leçon suivante :

« *Vous êtes le sel de la terre, mais si le sel perd sa force avec quoi la lui rendra-t-on ; voilà, il sera jeté dehors et foulé aux pieds par les hommes.* »

En effet, celui qui est accablé par les mauvaises chances, grâce à l'état défectueux de son périsprit qui attire bien des maux sur lui, est réellement *jeté dehors de chez lui* et foulé aux pieds par les hommes dans toutes ses relations de travail et d'affaires; — mais cette punition a lieu dans un esprit conservateur facile à observer dans toute la Nature, et que les paroles ci-dessus font parfaitement saisir.

∴

Les yeux noyés et un peu hagards indiquent souvent un individu plus ou moins tourmenté par l'état de son périsprit :

De plus et en général, la couche fluidique dont chacun de nous est plus ou moins enveloppé en bien ou en mal est facile à observer dans l'existence et les qualités du porteur, soit sur soi-même soit sur d'autres par tout homme maître de lui.

Après avoir soufflé la bougie et avant de s'endormir, nous voyons souvent, après une journée agitée, des nuées (1) et vapeurs plus ou moins sombres ou transparentes ; ces nuées passent et repassent devant nos yeux fermés en formant mille images fantastiques : — En général, plus ces visions sont claires, plus le périsprit de celui qui les voit est veuf de souillures empoisonnées ; c'est-à-dire, plus notre Tunique fluidique est bienveillante : — Par contre, plus les nuées du crépuscule de notre journée de luttes sont opaques, plus notre vie doit être difficile, travaillée et chargée : — Il est certain que la nature des actes journaliers de la vie présente vient notablement coopérer en bien ou en mal sur l'influence périspritale de notre économie morale.

De plus, les luttes du corps, de l'esprit et du périsprit fatiguent chaque sujet, elles sont la cause de son besoin de repos : Mais le repos de l'homme ne se produit que lorsque le sommeil a dégagé l'esprit du corps, tant que l'esprit est présent, le périsprit fonctionne et augmente la fatigue du sujet ; — cela explique qu'un homme qui

(1) On se souvient que Nessus était fils de Nephélé, déesse des *Nuées*.

couche toute une nuit dans un bon lit, mais sans sommeil, ne se repose presque pas. Il arrive aussi quelquefois qu'avant de s'endormir ou dans le cours d'une nuit sans sommeil on aperçoit des forêts, des fleurs, des jardins, des villes, des figures, des animaux et cent autres objets dans notre horizon périsprital ; mais toutes ces images se modifient, paraissent et disparaissent ou se transforment incessamment :

Eh bien, l'importance de toutes ces choses et celle de leurs transformations indiquent au bon observateur la situation approximative de son périsprit ; — étant donné ceci : — Le périsprit est de la même nature morale que les femmes, c'est-à-dire : — Moins le périsprit fait parler de lui meilleur il est.

L'homme intelligent qui s'étudierait ainsi et lirait trois fois par semaine les vers dorés de Pythagore ; — cet homme, dis-je, progresserait spirituellement et cela à pas de géant : — parce que ces deux occupations accompagnées du travail, représentent la véritable étude d'ensemble du, *connais toi toi-même.*

∴

Dans le jour, l'homme de bonne volonté peut également reconnaître la situation plus ou moins néfaste ou heureuse de son périsprit, par la nature des désirs, envies et appétits que la vue des biens et jouissances de la vie font naître en lui, — soit d'une façon persistante soit d'une façon passagère.

Quant à l'existence même de l'enveloppe fluidique appelée ici la tunique de Nessus, beaucoup de personnes ressentent fort bien le périsprit de quelqu'un qui est à côté d'elles, lorsqu'il est chargé de fluides malsains : — Un périsprit chargé fait éprouver une gêne au voisin de son porteur, tandis qu'un périsprit sain fait éprouver un certain bien-être aux personnes qui approchent celui qui en est doté.

Les fluides malsains, c'est l'homme lui-même qui les a créés pour son malheur momentané, de même qu'il se crée facilement des fluides sains, lorsque l'énergie actuelle de son caractère, unie aux forces que lui donne sa conduite antérieure le lui permettent, étant donné pourtant que : — *Il est toujours possible à l'homme de s'amender peu ou beaucoup.*

Les cosmogonies antiques nous ont enseigné cet axiome à ce sujet : « *Dieu a créé l'homme à son image.* »

Dieu ou la parcelle de l'esprit universel est représenté ici par l'esprit de chacun des hommes, qui préexiste et crée son corps à son image dans chacune de ses réincarnations corporelles ; — c'est-à-dire avec tous les biens et les maux dont il s'est momentanément doté par ses mérites ou ses démérites antérieurs; le tout, appliqué à l'état d'avancement de chaque individu relativement à son âge dans la vie universelle.

Cette situation véritable a fait naître autrefois une superstition, — c'était la foi dans les devins qui présageaient la destinée des enfants des princes ou grands de la terre, lorsqu'ils venaient de naître.

Il faut déclarer scientifiquement à ce sujet :

« *L'homme vit corporellement parce qu'il a vécu et il vivra*
» *parce qu'il vit, — c'est donc aux hommes à se préparer*

» *collectivement un bon lendemain par l'organisation du tra-*
» *vail et des échanges, qui intéresse tous les hommes à faire*
» *le bien, parce qu'alors la pratique du mal ne leur rappor-*
» *terait plus rien.* »

Il ne faut pas voir l'homme meilleur que ses besoins ne le font.

⁂

Par les démonstrations ci-dessus on voit clairement que : — les bonnes actions donnent fatalement la chance et la fortune de par la loi de l'attraction des semblables, de même que les mauvaises actions donnent la misère, la maladie et les infirmités de toute nature de par la même loi : — Car les forces de l'esprit construisent la base créatrice de celles du corps, en corrompant ou développant les défauts ou facultés de l'homme dans un sens ou dans un autre.

Chacun de nous peut donc se détruire momentanément lui-même et plus ou moins ses bras, ses jambes, les formes de son corps, sa vue, sa parole, etc., le tout par les pratiques variées d'une existence vicieuse et corruptrice.

Les aveugles, les boiteux, les culs-de-jatte, les idiots, etc., que l'on voit mendier le long des rues et boulevards, sous les portes cochères, le long des chemins et dans les fêtes publiques, sont évidemment des exemples vivants de ce que je viens de dire (1), exem-

---

(1) *La cour des Miracles était ainsi nommée, au moyen âge, parce que quelques-uns des infirmes et obsédés qui la composaient, étaient de remarquables mediums guérisseurs ; — les-*

ples que la nature place bien en vue, afin sans doute que les hommes comprennent enfin tout leur intérêt à détruire collectivement entre eux les causes journalières qui peuvent produire des maux semblables contre eux.

Ceux des directeurs de l'humanité qui ne voient pas cela sont de véritables aveugles, le grand Réformateur a dit des hommes sans lumières de tous les temps :

« *Laissez-les, ce sont des aveugles, que si un aveugle conduit* » *un autre aveugle, ils tomberont tous les deux dans la* » *fosse.* »

*
* *

La loi générale de répartition est donc basée sur l'avancement des êtres, en tenant compte des punitions momentanées que le symbole du péché originel explique lumineusement; — savoir :

Tous les biens qui existent sur la terre sont les œuvres exclusives des individus des trois règnes de la nature, — chacun d'eux possède donc en droit indéniable et indénié une part proportionnelle des biens terrestres, relative au quantum général de ces biens, ainsi qu'au nombre des êtres de la vie générale : — Mais pour que l'homme, partie directrice de l'humanité, mérite la jouissance de *ce qui est à lui* dans la vie universelle ; — il faut nécessairement qu'il se conduise en harmonie proportionnelle avec les biens qui lui appartiennent.

Cette loi, aussi importante que son existence est évi-

---

quels opéraient parfois des guérisons qui semblaient miraculeuses, — et cela, de par la loi naturelle qui veut qu'en tout et partout le mal se guérisse par le mal.

dente dans la vie générale, m'a fait socialement poser depuis longtemps en principe que :

« *Dans une société organisée d'après l'esprit des lois de la* » *nature, chaque citoyen libre et de bonnes mœurs est appelé* » *à administrer la fortune publique dans la proportion exacte* » *des intérêts qu'il possède dans cette même société.* »

Si l'on ne consultait que l'avancement individuel, il est vrai que l'on rencontrerait bien des interversions dans les positions sociales : — Mais il faut observer les récompenses et punitions momentanées et respecter exclusivement ce que la Nature a établi par les naissances, le talent, le travail, etc. ; — puis, par les situations résultant des mérites et démérites antérieurs de chacun ; c'est là, *la loi* de répartition que le Maître a défini ainsi :

« *Si donc vous n'avez pas été fidèle dans ce qui est à autrui, qui vous donnera ce qui est à vous ?* »

(Luc, chap. XVI, verset 11).

Le concert harmonieux de la société professionnelle mettra petit à petit toutes les choses en place, tel que la Nature les a primitivement formées ; — en attendant, il faut que ceux qui n'ont pas été fidèles aux principes de la justice se passent momentanément de tout ou partie de ce qui est à eux :

La loi de répartition des sociétés ainsi définie sera un jour la règle du véritable bonheur terrestre : — Mais à cette règle comme à toutes les autres il y aura toujours des exceptions.

∴

Afin de traduire dans son esprit plutôt que dans sa

lettre le symbole de la Tunique de Nessus, je vais prendre tels qu'ils sont les noms de la légende du Paganisme, parce que je ne connais pas ceux du véritable symbole védique.

Il est certain que les noms du Paganisme ne sont pas ceux primitifs, — puisque Hercule (Hara-Kala) est venu coloniser l'Asie Mineure et la Grèce environ huit mille ans avant notre ère; — Tandis que le symbole de la Tunique de Nessus ou plutôt du péché originel était l'un des védas de l'âge d'or, mais : — L'âge d'or a été remplacé par le Brahmanisme primitif à la suite de la grande révolution servile des premières races de l'humanité, environ vingt-quatre mille ans avant J.-Ch.

Hercule, Nessus et Déjanire, les trois héros de la tradition mythologique, sont donc trois noms empruntés aux légendes pélages et helléniques par les premiers rédacteurs des traditions du Paganisme, qui ont libellé une foule de métamorphoses d'après les védas de l'âge d'or, au nombre desquelles se trouve le pastiche du symbole védique du péché originel reproduit plus haut.

3°

LE SYMBOLE VÉRITABLE

AVEC LES NOMS SUPPOSÉS

Nessus, courrier des assemblées populaires de Lanka (*Ile de Ceylan*), épousa une vierge du nom de Déjanire, douée d'une grande beauté et d'une grâce parfaite : Au bout de quelque temps de son mariage, les belles qualités de Déjanire furent remarquées par le fils d'un cultivateur de la contrée, ce jeune homme qui se nommait Hercule en devint éperdument amoureux : — Un instant sourde à ses avances, Déjanire finit néanmoins par les écouter dans les longs jours d'absence de son mari, lorsqu'il portait les dépêches des assemblées populaires dans l'île de Lanka et même sur le continent Indou.

La destinée de Nessus était composée de mauvaises chances et de sorts contraires qui l'avaient tourmenté tout le long de sa vie : — Mais l'amour lui avait fait espérer le rétablissement de l'harmonie de son existence, en y introduisant le pur élément d'une vierge douée de la beauté et d'un excellent caractère : — Il n'en fut rien, car la nuée d'esprits légers et malfaisants qui entourait et obsédait Nessus, persistait à former comme une tunique fluidique et sensibilisée par le mal autour de lui, sur laquelle venait tourner tout de travers presque chacune des entreprises qu'il accomplissait tout le long des jours de sa vie (1).

∴

Initié à l'étude des védas enseignés et expliqués dans les assemblées patriarcales des pagodes populaires, Nessus connaissait fort bien sa situation fluidique, il savait qu'un passé de fautes et de folies passionnées était inscrit au débit sur le grand livre de sa personnalité, composée de trois personnes, savoir.

Première personne créatrice, *son esprit*.

(1) Le périsprit peut évidemment se comparer dans son fonctionnement journalier, aux épreuves négatives et positives de la photographie et de la galvanoplastie.

Deuxième personne créée par la conduite, *son périsprit* (1).

Troisième personne créée par les deux premières, *son corps.*

Le tout ne formant qu'une seule et même personne comme le veut l'harmonie universelle, représentée par le triangle avec l'œil de feu au milieu.

Cette harmonie créatrice se retrouve partout dans la Nature, je prends pour exemple une lampe allumée; laquelle est composée de : — La mèche, l'huile et le feu.

1° Le feu qui est l'éternel, c'est l'esprit.

2° L'huile est le corps qui s'use.

3° Le périsprit est représenté par la mèche qui fait marcher plus ou moins bien la lampe suivant qu'elle charbonne peu ou prou; en un mot : — Le périsprit se transforme et s'use par la vie pour se reformer suivant les diverses conduites de son porteur et créateur.

(1) Le périsprit étant en quelque sorte le tableau d'avancement et de recul de chacun des êtres sur la route de la vie éternelle, il existe toujours à l'état, non seulement d'organe principal, mais encore comme deuxième personne de l'harmonie humaine : — Les jours et les nuits c'est-à-dire le bien et le mal de la conduite individuelle le transforment comme pourrait l'être un homme par des divers costumes et soins correspondants, depuis celui du mendiant le plus abject jusqu'au costume du roi le plus fastueux.

Les existences douloureuses sont tellement influentes pour nettoyer les pratiques du mal, même chez la nature la plus inférieure des peuples civilisés que : — Toutes les sept existences, il y en a au moins une de fortune d'aisance ou de bien-être pour chacun des hommes ; — c'est ce que Moïse nous a appris en ces termes :

De sept ans en sept ans tu célébreras l'année de relâche, afin qu'il n'y ait parmi toi aucun pauvre, dit-il au peuple hébreu.

Deutéronome, chapitre XV, versets 1 et 4.

Il est bien entendu que le périsprit progresse constamment lui-même, absolument comme l'esprit dont il est le fils, c'est-à-dire la deuxième personne.

Le vaisseau contenant les éléments de la lampe forme la tétrade, mais ne compte pas dans cette harmonie trinitaire; pas plus que la terre soutenant l'homme ou sa maison qui loge ses trois personnes en une seule, ne comptent avec sa trinité individuelle.

J'en reviens à notre symbole : Un mauvais présage se produisit lorsque Nessus reçut la foi de Déjanire devant les pères de sa tribu professionnelle; — au sortir du temple et en rentrant chez lui, le voile de sa chaste épouse fut emporté par un coup de vent et se déchira sur un buisson de plantes grasses qui bordait le chemin : — Nessus s'attendait donc à des revers, si bien que : — Tous les bons jours qui s'accomplissaient sans les gros accidents qu'il entrevoyait dans ses rêves, visions, obsessions et cauchemars que lui donnait l'état actuel de son enveloppe fluidique, étaient considérés par lui comme autant de pris, — sur l'ennemi qu'il avait malheureusement introduit dans son économie vitale au cours de sa précédente épreuve.

Le commencement du plus grand et dernier accident de sa vie présente ne tarda pas à se produire :

Dans le cours d'un nouveau voyage que fit Nessus; de poli et complimenteur qu'il était auprès de Déjanire, Hercule devint plus pressant et décida enfin cette jeune femme à quitter le toit conjugal; — puis, à le suivre, lui son amant, dans une plantation de riz et menus grains que son père l'avait chargé de diriger.

Emotionné par un pressentiment, Nessus revint un jour et trouva sa maison déserte avec son chien qui poussait des cris plaintifs dans la cour et le jardin : —

il fut anéanti de douleur, car, bien qu'un événement malheureux dans sa vie lui parût une chose toute ordinaire et prévue, il était encore loin de s'attendre à un abandon aussi complet de l'être qu'il aimait le plus au monde.

Après les premières fureurs suivies selon l'habitude d'un abattement, il réfléchit et chercha.

Le malheureux courrier réfléchit que sa femme était une nature douce et bonne, mais faible, et il fut convaincu qu'elle avait été détournée de ses devoirs et trompée par un hardi suborneur : — Il maudit sa profession qui le tenait constamment éloigné de chez lui et sortit pour prendre des renseignements dans les maisons de la campagne les plus proches de sa demeure ; — à quelques pas de chez lui il rencontra son seul ami qui lui apprit la vérité.

Aidé de son ami, Nessus vint surprendre sa femme en l'absence de son suborneur et lui fit des reproches ; — Déjanire fondit en larmes, puis, repartit de suite avec son mari et son ami : — Mais lorsque Hercule rentra il bondit de fureur comme un fauve en voyant que sa proie lui était ravie : — Jugeant bien les choses d'après les caractères de Nessus et Déjanire, il partit dans la nuit avec ses serviteurs et au point du jour il était près de la demeure de Nessus, dans laquelle il entra violemment et plein de colère comme s'il était l'insulté ; — puis, hors de lui, il tua Nessus d'une flèche lorsque ce dernier se présenta pour lui barrer le passage.

*
* *

Alors, Nessus mourant put se débarrasser de son enveloppe fluidique empoisonnée de malheurs, — car il venait de payer par de longues souffrances, puis, par la perte de sa vie corporelle tous et chacun de ses méfaits passés qui lui avaient mérités son enveloppe d'esprits malfaisants : — Mais Hercule, son bourreau, fut couvert complètement d'une tunique semblable, que lui avait tissée peu à peu la longue suite d'actes répréhensibles qu'il venait de combler par le rapt de Déjanire et le meurtre de son époux (1).

Hercule partit en faisant enlever Déjanire sans connaissance, mais la tunique de souillures dont il s'était doté était tellement importante qu'elle enveloppa de suite *son corps*, — c'est-à-dire avant la date généralement prescrite par la nature, qui est la future existence :

La nouvelle tunique d'Hercule se traduisit comme d'habitude et dès l'abord par des remords cuisants ; — puis, cette enveloppe fluidique devint absolument insupportable pour l'irrascible suborneur ; lequel fut accablé de douleurs morales et matérielles sans nom : Enfin, dévoré un jour par la fièvre chaude, Hercule mit fin à ses jours ; — en pensant brûler les restes d'un parent mort il monta sur le bûcher et fut brûlé vif lui-même.

Mais ce nouveau crime ne débarrassa nullement Hercule, bien au contraire, car ce dernier méfait ne fit qu'augmenter la violence des poisons fluidiques dont il avait saturé son périsprit ; — si bien qu'il eut plus tard des épreuves, des mauvaises chances et des mal-

(1) Je néglige de parler ici de la situation de l'homme lorsqu'il est arrivé dans la vie transmondaine, car cela ne me paraît pas indispensable à ce sujet social ; Mais le philosophe de Nazareth nous a magnifiquement instruits là-dessus par sa parabole du mauvais riche.

heurs encore plus cuisants que ceux dont avait souffert sa dernière victime; — puis, il endura à la lettre tout ce qu'il avait fait souffrir, il eut en définitive une femme belle comme Déjanire qui lui fut ravie, et il fut tué par le ravisseur dans des circonstances particulièrement horribles : — Les punitions de Nessus; puis, celles d'Hercule ont eu lieu ainsi, parce qu'en tout et partout il faut fatalement et pantographiquement souffrir et subir les mêmes maux que l'on a imposés à ses semblables, sans cela l'homme ne pourrait pas même revivre à nouveau en se créant un autre corps : — Le grand philosophe de Nazareth nous a appris les effets pantographiques de la loi du Talion tout le long des Évangiles, mais notamment par ces paroles.

« *Car je vous dis en vérité que, il serait plus aisé que le*
» *ciel et la terre passent, — qu'un seul point de la loi que*
» *chacun des hommes s'est faite ne s'accomplisse jusqu'à un*
» *point, un iota et un trait de lettre.* »

De même que tous les autres védas, l'histoire du du péché originel ci-dessus est arrivée; — elle a été choisie comme étant fort instructive; puis, inscrite à la suite des autres védas dans le livre de la vie; — afin de servir d'exemple pour la réglementation des existences et de la conduite des hommes et des sociétés.

Observation. Le symbole du péché originel relate des punitions successives des deux hommes, héros de ce védas; — mais il ne parle pas de celle de la femme; — cela est ainsi, parce que l'antiquité a considéré à peu près généralement, mais à tort, la femme comme n'ayant pas d'âme et comme étant par conséquent irresponsable : — Néanmoins, la femme est punie et récompensée à peu de chose près comme l'homme.

4°

INSTRUCTION GÉNÉRALE

Ne parlez pas de liberté.
La pauvreté, c'est l'esclavage.
(LACHAMBEAUDIE).

EXPOSÉ

Les penseurs sérieux qui liront la restitution approximative mais exactement vraie dans son esprit et dans sa vérité du symbole du péché originel, se diront très certainement : — Oui, ce symbole représente bien la vie universelle, — toutes les inspirations et souvenirs du cœur et de l'esprit nous le disent clairement.

En effet et comme on ne saurait trop le répéter, *la nature c'est l'ordre :* — Or, tous les hommes se reproduisent eux-mêmes et les uns par les autres au moyen des lois de la nature et de l'ordre relatif qu'elles prescrivent dans tous les fonctionnements, étant donné que : — Les individus des trois règnes inférieurs à l'humanité appartiennent comme consommation reproductive à l'homme, parce que lui-même a servi dans les mêmes conditions (*pendant le cours d'une certaine quantité d'éternités d'âges*); aux races humaines qui ont précédé la présente génération terrestre.

Les besoins de l'homme allant toujours se développant au fur et à mesure de son avancement, — ils représentent la limite des droits qu'il doit acquérir par son travail : — De plus, les besoins de l'homme étant la cause de ses aspirations, Fourier a dit fort justement : — *Les aspirations de l'homme sont proportionnelles à ses destinées.*

∴

C'est ici qu'il y a lieu d'admirer sans réserve l'accord parfait de la nature, — qui défend ses lois par la punition fatale des incartades mêmes de la vie des êtres : — En effet, la juste proportion de l'exercice des besoins de chacun des hommes produit l'harmonie vitale, quelle que soit du reste la quotité de biens à gérer que la naissance, les chances de la destinée ou les facultés productives aient donné à chacun d'eux.

C'est dans ces conditions que la nature se passe complètement d'un Dieu-individu, — chargé, selon le dogme enfantin du christianisme, — de dispenser arbitrairement le bien et le mal de toutes les heures de la vie à chacun des hommes et des animaux : — Quel travail, seulement pour le milliard d'habitants et le nombre d'animaux correspondant de notre petite terre??

Beaucoup d'hommes disent :

Nous savons bien que le dogme du Dieu-individu du Christianisme est une grosse absurdité, — mais les populations ont besoin d'être terrifiées par les peines éternelles et partielles dont notre principale idole dispose ; — je réponds : — Lorsque l'homme saura que chacun des actes de sa vie porte avec lui sa punition ou sa récompense, sans avoir besoin pour cela d'aucun autre jugement que celui des faits eux-mêmes : — Alors, mais seulement alors, l'homme sera mille fois plus salutairement terrifié que par les peines éternelles qui doivent le punir (*à ce que dit le Christianisme*) ; — puisqu'il n'a soi-disant qu'à aller s'en confesser à l'oreille de n'importe quel prêtre pour en être pardonné (1).

LE VICE POLITICIEN

Harmonie, ordre et équilibre sont les trois mots de ralliement de toute la nature, mais il faut bien observer que : Ces trois mots se résument dans la pratique par celui de, *organisation* : — C'est là le secret de la persistance des politiciens à toujours acclamer le mot de *liberté*, afin d'empêcher les hommes de s'organiser professionnellement pour être forts, riches et par conséquent moins mauvais vis-à-vis les uns des autres : — En définitive, dans l'intention des politiciens, leur mot de *liberté* est synonyme de celui de, *division* ; — en effet, lorsque (*sans organisation professionnelle*) chacun peut élever librement toutes les prétentions possibles dans une assemblée, c'est la tour de Babel :

Mais alors, voyant que l'on ne peut pas s'entendre, on est obligé de nommer des intermédiaires pour représenter les intérêts, c'est là ce que les politiciens désirent, —

(1) Les peines éternelles existaient bien dans les symboles védiques, mais elles étaient relatives à la durée complète de la vie de chacun de nos corps ; — en effet, les destinées bonnes ou mauvaises que bien souvent les hommes ne méritent plus sur la fin de leur vie, n'en durent pas moins et presque généralement jusqu'à leur mort.

L'absurde est d'avoir appliqué à l'esprit ce qui n'est relatif qu'au corps.

car alors ils règnent en maîtres despotiques à l'égard de l'argent du public et au nom de la soi-disant liberté ; — puisqu'ils font et feront toujours nommer à peu près qui bon leur semble par le suffrage universel aveugle de Ledru-Rollin, grâce aux aboyeurs des réunions électorales et à la presse dont ils disposent.

*
* *

Il n'y a que les faits pour démontrer la vérité d'une chose. *Les faits blâment, les faits louent*, a dit un savant moraliste : — Or, voici deux faits significatifs choisis entre mille autres.

1° Lamartine auquel on reprochait de mendier sa vie par des quêtes, répondait « *je ne mendie pas*, je demande seulement *un peu de liberté.* »

Nota. — Ceci démontre que la véritable liberté représente le bien-être, que l'organisation professionnelle peut seule donner à tous les hommes laborieux.

2° Voici comment Ouvrard, l'un des fondateurs de la prétendue liberté individuelle inscrite dans les soi-disant Droits de l'homme de 1791, pratiquait à son profit cette nouvelle liberté, qui permettait et permet toujours au petit nombre de dépouiller légalement le plus grand, c'est-à-dire le public.

« *On peut se faire une idée des fortunes acquises par celles*
» *du fournisseur Ouvrard qui, en* 1801, *pouvait perdre sans*
» *ébranler son crédit les terres de Preuilly, d'Azay (avec une*
» *forêt de sept mille arpents), les domaines de Château-Neuf,*
» *Saint-Gratien-de-Villandry, Saint-Brice, Marly, Lu-*
» *ciennes, la moitié de quatre-vingts fermes près de Cologne,*

» *louées plus de 600,000 francs par an, cinq maisons rues de la Chaussée-d'Antin et de Provence, une maison place Vendôme, l'hôtel Montesson, etc. Ce n'était là qu'une toute petite partie de ce que cet homme bourgeois avait gagné en fournissant les armées et en tripotant sur les biens nationaux.*

» *Pendant ce temps, les armées de la République en étaient réduites à vivre de pillage et les prolétaires mouraient littéralement de faim.* »

(Journal *le Prolétaire* du 17 juillet 1882)

Notons bien que : — La liberté corporelle et civile de l'individu est hors de toute discussion depuis la nuit du 4 août 1789 ; — mais sous le motif apparent de protéger cette même liberté et de la défendre, les politiciens modernes ont établi un principe d'autorité à la tête de l'État, de par lequel, sous prétexte de nécessités politiques et sociales. « *L'empire du monde est aux plus scélérats*, — comme l'a dit P.-J. Proudhon, — qui a ainsi précisé exactement les résultats fatals du faux régime de la liberté, prêchée dans les journaux et proclamée dans les banquets et congrès ouvriers avec des larmes de crocodiles dans les yeux par les déclassés de la politique.

Voici la vérité sociale :

Le Roi de la nature est l'homme collectif, c'est-à-dire l'homme dont les divers intérêts producteurs sont organisés avec ceux de ses semblables : — Par ce moyen, l'homme de la société collective jouit de la part de liberté, c'est-à-dire de Royauté sociale actuellement à lui, d'après son avancement et sa situation présente : — De même que l'homme isolé est poussé aux vices, — l'homme collectif est entraîné vers la vertu par ses intérêts journaliers.

LA VERTU SOCIALE

C'est dans l'usage proportionné et harmonieux des forces de la nature par le travail organisé que se trouve la vertu individuelle et sociale; — étant donné que le mot vertu signifie force, lumière et sagesse, en opposition avec celui de liberté civile **non organisée,** lequel signifie bataille générale des intérêts.

Par le récit, l'explication, les commentaires et l'instruction résumée du symbole du péché originel, on saisit sur le vif l'esprit créateur des lois de la Nature, et l'on voit que l'organisation collective et professionnelle des sociétés est le seul système capable d'intéresser les hommes en général à être justes et bienveillants envers leurs semblables; — quelle que soit d'ailleurs leur situation sur l'échelle sociale.

C'est là le règne des lois de la nature que je convie les grands de la terre à organiser peu à peu parmi nous, parce que ce soin représente leur intérêt aussi bien et encore plus que le nôtre.

Si les gens haut placés organisaient le règne de la justice, ils seraient vivifiés et réjouis par la grandeur de cet acte auquel ils coopéreraient ; — puis et surtout par l'équité que cette œuvre imposerait de suite dans toutes et chacune des relations sociales : — Et ils en seraient plus riches encore matériellement et moralement, car le Maître a dit à ce sujet :

« On donnera à celui qui a et il aura encore davantage. »

5°

FINALE

Je n'ai pour ennemis que ceux du bien commun ;
Je leur fais bonne guerre et n'en proscris pas un.
CORNEILLE.

Après avoir développé les points scientifiques et psychologiques qui relient les intérêts matériels ; points qui engagent fortement, à mon sens, les puissants de la société à acclamer l'établissement du règne de la Justice dans notre pays : — Il me reste à prendre les traditions françaises dans leur ensemble, afin de démontrer aux citoyens de toutes les conditions de notre pays bien-aimé que :

L'État social existant affaiblit peu à peu notre Nation à l'intérieur et la détourne de sa mission civilisatrice, — en corrompant petit à petit les relations d'intérêts, à commencer par les mœurs qui viennent d'entrer publiquement dans la période pornographique : — En outre, je vais établir par des faits indéniables que notre pays s'isole de plus en plus de tout le reste de l'Europe pour les mêmes motifs.

⁂

Il est élémentaire que :

La position géographique de la France désigne notre

Nation comme la directrice des mouvements de la civilisation en Europe : — Cette influence naturelle étant exploitée par l'organisation professionnelle, elle entraînerait forcément la puissance matérielle sous toutes ses formes, parce qu'alors notre pays ne serait pas déchiré comme il l'est par les *divisions* politiques qui sont celles des intérêts privés.

Déjà, les Romains ne purent devenir réellement et peu à peu les maîtres du vieux monde, que du jour où ils eurent conquis les Gaules.

En remontant aux premiers âges on voit également que :

La position géographique de la France en a fait le but et le bout des vieilles émigrations venues de l'extrême Orient par la vallée de l'Ariane, le Caucase et plus tard par la mer Rouge, l'Égypte et la Méditerranée : — Les Eusques et ensuite les Celtes sont les dernières peuplades indiennes connues qui ont colonisé notre pays.

Nos climats tempérés et la richesse de notre situation commerciale de premier ordre, ont fait en tous les temps de la France le point de mire des puissances étrangères voisines, c'est-à-dire le but de la jalousie de leurs gouvernants ; — car les hommes d'État de l'Europe sentent bien que la puissance du monde devrait avoir son centre en Gaule, il n'y a que nos classes dirigeantes, toujours en luttes et compétitions d'intérêts, qui ne paraissent pas s'apercevoir de cela.

Le roi de Prusse constatait pourtant en ces termes la puissance géographique, morale et intellectuelle de notre pays :

« *Si j'étais roi de France* (a dit Frédéric II) *il ne se tire-*

« *rait pas un coup de canon en Europe sans ma permission.*

Malheureusement, la première République et l'Empire ont exclusivement employé cette force constatée par le grand Frédéric, au développement des intérêts matériels de quelques-uns et en ont, par ce moyen, corrompu et annulé momentanément les sources.

*
* *

L'histoire nous apprend que :

Aussitôt le colosse romain tombé, la puissance internationale de l'Europe vint s'établir en France ; — Clovis, Charles-Martel, Charlemagne et autres souverains démontrèrent au monde, mais toujours par la force brutale et non par l'organisation sociale, — que notre pays était bien celui désigné par les lois de la nature pour être le point central des civilisations, ainsi que celui de tous les progrès de l'avenir.

Après la nuit intellectuelle que vint jeter la Féodalité sur l'Europe, ce fut encore la France qui bénéficia à peu près seule (*grâce à ses corps d'arts et métiers*) — de la Renaissance des arts et des lettres.

Néanmoins, la Féodalité établit peu à peu l'équilibre des gouvernements européens inconnue avant elle :

De même que dans la plupart des familles, celle européenne eut son Caïn en la personne de l'Angleterre protégée par les mers : — La France fut donc et logiquement le point de mire de la perfide Albion, et pourtant, le principe du gouvernement de l'Angleterre était issu de la France par les nobles normands, qui en firent la conquête en 1066.

Depuis ce temps et malgré cette attache filiale, le

gouvernement anglais, — qu'il ne faut nullement confondre avec les excellentes populations anglo-saxones et bretonnes des trois royaumes ; le gouvernement anglais, dis-je, devint jaloux de sa mère-patrie.

*
* *

Perpétuellement agités par l'envie, ce sont les gouvernants anglais qui ont en tous les temps fomenté les haines et les coalitions contre la France, lesquelles se produisent périodiquement et presque à chaque événement dans les États de l'Europe.

Le type démonstratif de la jalousie séculaire des gouvernants anglais est représenté par le martyre de l'héroïque Jeanne-d'Arc, à laquelle ils ne purent pardonner d'avoir sauvé la France de leur domination.

Lorsque les idées françaises firent la Révolution de 1789 qui a si mal tourné dans les mains des politiciens ; ce furent encore les intrigues des gouvernants anglais qui ameutèrent incessamment l'Europe contre nous ; — voici une opinion à ce sujet :

On ne serait point aussi jaloux de la France si elle ne possédait pas le trône de la puissance européenne de l'avenir ; la preuve que c'est bien la situation française que les gouvernants d'Europe envient consiste en ce fait :

Dans toutes les puissances du monde, les Français sont très aimés et leurs divers gouvernements absolument détestés.

Ce fait indiscutable démontre, jusqu'à l'évidence, tout ce que la France pourrait opérer socialement sur le reste de l'Europe, si elle était organisée professionnellement.

*
* *

L'Allemagne du Nord, sœur nationale de la France, fut séparée d'elle depuis le démembrement de l'Empire de Charlemagne; — mais les peuples allemands sont toujours les frères de ceux de la France; — malheureusement, les gouvernants germaniques modernes ont épousé les jalousies latentes et séculaires de l'Angleterre contre nous, en même temps que l'héritier actuel de leur trône s'allia à la fille aînée de la reine Victoria.

En un mot, l'Allemagne et l'Angleterre qui sont les deux principales puissances protestantes, paraissent être liées secrètement depuis la guerre d'Italie de 1859, et n'attendre qu'une occasion pour amoindrir une seconde fois la France au profit de la dernière de ces nations, par la guerre et la révolution.

J'ai eu l'honneur d'écrire à ce sujet ceci le 14 juillet dernier, à un homme intelligent et bien placé pour juger les coups qui se préparent sur l'échiquier européen.

« *La prise de l'Égypte et du Canal de Suez par l'Angle-*
» *terre et la Porte Ottomane, représente le premier acte du*
» *nouvel amoindrissement de la France qui se prépare, par*
» *les soins de l'Allemagne et de l'Angleterre.*

» *Aveugle qui ne le voit pas.* »

Les événements m'ont donné raison; — de plus, sans l'Allemagne, l'Europe entière aurait protesté contre la prise de l'Égypte.

*
* *

D'un autre côté, la France est travaillée par les idées de progrès social que l'harmonie universelle l'a chargée de colporter au moyen de sa position géographique, la nature et l'avancement de ses races qui en dérivent; enfin, de ses antécédents qui en découlent.

La grande Révolution française que les puissances européennes ont été obligées de subir, — a rendu les idées de progrès légales et presque officielles : — Mais la forme monarchique a été conservée effectivement dans la pratique à la tête de notre pays avec ou sans l'étiquette républicaine; les institutions monarchiques que nous subissons toujours, dis-je, — compriment les idées du vrai progrès depuis quatre-vingt-dix ans au profit du politicisme, — en les préparant ainsi à tout bouleverser au lieu de tout faire fructifier; — ce qui est le caractère indéniable de la mission des idées françaises.

En résumé et pour prendre cette grave question au jour même où nous sommes :

1° La France est assez en république pour être une menace constante contre les autres monarchies européennes : — C'est là le secret de l'isolement réel de notre gouvernement et la haine implacable dont il est l'objet en Europe, malgré les mamours politiques des ambassadeurs.

2° La France n'est pas assez en république pour que les autres nations sentent leur cœur battre avec le sien, — c'est là un autre secret de la faiblesse extérieure mais surtout intérieure de notre pays.

De même que l'abaissement de l'Autriche en 1866 et celui de la France en 1870-71, paraît avoir été l'objet d'un traité secret entre l'empereur de Russie (*en souvenir des guerres de* 1849 *et* 1854-55) et le roi de Prusse, avec la réduction éventuelle de la Turquie qui eut lieu en

1877-78, comme compensation : — De même, la rupture de l'équilibre oriental qui vient de s'accomplir ces jours derniers en Égypte, doit avoir pour compensation une guerre contre la France :

La prudence est donc quand même à l'ordre du jour.

*
* *

Par ces motifs, notre pays se trouve depuis déjà pas mal de temps; précisons, — depuis le mois de mai 1875 (1), — entre deux immenses dangers prêts et armés de toutes pièces contre ses plus chers intérêts sociaux : — comme je viens de l'expliquer, l'un de ces dangers réside à l'extérieur et l'autre à l'intérieur ; — et pourtant, la France pourrait facilement vaincre ces deux immenses dangers si nos classes élevées favorisaient l'organisation professionnelle.

Situation extraordinaire s'il en fut et que je résume par la comparaison suivante :

De même qu'un homme qui fortifie son corps par une vie hygiénique est plus capable de résister aux agressions dont ses intérêts et sa santé peuvent être l'objet : — De même, une nation comme la France serait dix fois plus forte pour résister aux attaques de ses ennemis du dehors et du dedans, —

(1) Chacun se rappelle que le 7 mai 1875 tous les chemins de fer allemands étaient encombrés de troupes pour venir envahir à nouveau la France, — la Russie s'y est opposée pour des motifs d'intérêt à elle, mais qui n'en ont pas moins sauvé notre pays : — Apprenant ce commencement d'invasion, le maréchal de Mac-Mahon a prononcé un de ces comble de naïveté dont il a émaillé son passage au pouvoir : — « *Pourquoi donc l'empereur d'Allemagne m'en veut-il ?* — dit le maréchal, *je ne lui ai pourtant jamais fait de mal ! !* »

si ses intérêts et les besoins de ses populations étaient fortement organisés professionnellement.

L'exposé ci-dessus est frappant de vérité, mais non moins frappant est le moyen simple et facile de faire crever au loin et sur les autres gouvernements d'Europe, les gros et noirs nuages de la politique de coalition nationale et internationale qui s'acheminent près de nous, poussés par le souffle fiévreux des gouvernements anglais et allemand, haïssant le socialisme et désirant démembrer la France afin de satisfaire à la fois leur ambition, tout en éteignant le foyer révolutionnaire qu'ils craignent.

∴

Le temps presse, il faut modifier au plus tôt notre état social dans lequel chacun constate les éléments de discorde, de dissolution, de trahison et de détournment, — que les compétitions politiques et financières y ont introduit.

Si nos populations administraient elles-mêmes syndicalement leurs intérêts producteurs par l'organisation professionnelle; il ne serait plus loisible aux politiciens de continuer leurs luttes de classes en trompant les citoyens sur leurs intérêts véritables; — parce qu'alors, il n'y aurait plus qu'un parti dans notre Nation, qui serait le grand **parti de la France.**

Voici une *similitude* qui démontre que l'organisation professionnelle découle bien des lois de la nature.

SIMILITUDE DU GAZON

Les ingénieurs chargés de l'aménagement des eaux et terrains qui descendent en pente vers leurs rives, sont sans cesse préoccupés de donner à ces terrains la solidité voulue pour les empêcher d'être entraînés par les pluies d'orage. Quand ils ne peuvent les boiser, ils y font semer du gazon ; ce dernier moyen réussit toujours quand les pentes sont normales et naturelles ; — l'herbe, en effet, pénétrant le sol à une certaine profondeur de ses innombrables racines enchevêtrées les unes dans les autres ; forme à sa superficie une sorte de cuirasse d'une suffisante résistance ; sur cette égide protectrice glissent des averses même torrentielles, et la terre végétale reste avec ses formes utiles au service de l'homme.

Quelle admirable leçon la nature nous donne là au sujet de l'organisation des intérêts.

Ces racines associées au point de vue de l'intérêt commun et pouvant, — malgré leur ténuité, mais grâce à l'appui mutuel qu'elles se donnent, braver des forces d'une violence destructive comme les orages et les inondations, ne nous disent-elles pas assez quelle invincible puissance implique L'ORGANISATION PROFESSIONNELLE, *et combien son application aux sociétés humaines nous est conseillée par ce simple fait en apparence si humble et en réalité si instructif*

Dans ce gazon comme dans les familles industrielles, chaque membre, chaque individu, tout en travaillant librement pour lui et pour sa famille travaille aussi pour l'intérêt mutuel et commun ; — alors, du triomphe général du groupe entier ressort pour chaque participant une part proportionnelle de victoire, de bien-être, de sécurité et comme conséquence, de véritable liberté !

*
* *

Pour organiser de suite les intérêts professionnels, point n'est besoin de rien détruire dans nos institutions gouvernementales; — non, car L'UNION organisée entre les intérêts producteurs vient toujours rallonger les vestes par la mutualité, sans aucunement raccourcir les habits; — par ce fait, l'union professionnelle peut exister et a existé plus ou moins complètement sous tous les régimes, témoin, — pour ne pas remonter trop haut, — les corporations professionnelles de l'Empire romain, les corps d'arts et métiers de la Nationalité française, les Ghildes scandinaves et allemandes, etc.

Une magnifique occasion se présente aujourd'hui pour boiser et gazonner (*d'après l'image dont je viens de me servir*) les relations sociales de notre pays si éminemment industriel.

Cette occasion, la voici.

Les quatre-vingts chambres syndicales patronales du département de la Seine qui se réunissent rue de Lancry n° 10, viennent de voter le 14 juin 1882, et cela A L'UNANIMITÉ moins trois voix, — la mise en pratique de l'union patronale et ouvrière d'après le projet que j'ai eu l'honneur de leur présenter et qu'elles étudient depuis l'année dernière.

Il est donc très facile à nos gouvernants qui ne manquent pas de bonne volonté, de faciliter et protéger la mise à exécution de ces nobles vœux, formulés en réalité par plus de DEUX CENT-CINQUANTE MILLE travailleurs de la capitale du monde civilisé, — si l'on compte les patrons et ouvriers de ces quatre-vingts Industries.

Cette patriotique adoption, motivée par les grèves qui déchirent notre pays depuis si longtemps, — serait simplement limitée à donner un local officiel aux délégués patrons et ouvriers, afin de faciliter leur entente, comme cela se fait, du reste, pour ceux qui établissent et revisent tous les ans les tarifs de la ville de Paris.

***

Ainsi que je l'ai dit page 48 de ce livre,

« *Après chaque guerre il y a fatalement un traité de paix.*
» *Après chaque grève il y a forcément un arrangement.* »

Il s'agit simplement de faire les arrangements professionnels avant les grèves, de façon à avoir la puissance d'imposer aux gouvernements étrangers les traités de paix avant les guerres.

Comme je l'ai également dit, les arrangements professionnels résident dans l'établissement de tarifs de vente et de façons pour tous les produits imaginables, ainsi que cela existe dans ceux de la ville de Paris pour les Industries du bâtiment : — Le tout, afin d'introduire l'équité relative dans les échanges, livrées aujourd'hui à toutes les mauvaises chances possibles.

Ces conciliations intéressantes et intéressées représenteront exactement l'échelle mobile de la cote de l'argent, c'est-à-dire qu'elles apporteront partout l'accord sur la valeur véritable des divers produits des industries de la nature et de l'humanité : — Ces conciliations seront, par ce fait, d'une utilité universelle.

Jamais plus belle occasion ne s'est présentée aux gouvernants républicains pour augmenter leur puissance.

Comme conséquence, — 1° Les améliorations sociales se produiront peu à peu au moyen du suffrage universel ayant la profession pour base; par ce moyen si simple, les politiciens perdront petit à petit toute leur influence électorale ; — si bien que : — Les révolutions et partant les guerres deviendront peu à peu impossibles : — Je dis les guerres, parce que les peuples étrangers voyant le lendemain des travailleurs français à jamais assuré par l'organisation professionnelle et les institutions mutuelles qui en découlent forcément; — les peuples étrangers, dis-je, sentiront leur cœur battre à l'unisson de celui de la France au grand ébahissement de leurs divers gouvernements.

2° Toutes les conquêtes, toutes les trahisons et tous les mensonges officieux et officiels tomberont peu à peu comme étant inutiles, devant l'organisation des intérêts producteurs; — enfin, lorsque la France se mettra résolument à la tête des idées d'union populaire, les peuples s'intéresseront petit à petit à cet élément indiscutable de leur émancipation; puis, ils s'échapperont un à un et tout doucement des étreintes dominatrices de leurs gouvernements monarchiques, pour nous imiter, et en laissant ainsi à terre et sans forces sociales leurs vieilles sectes privilégiées.

3° Les diverses conséquences de l'organisation professionnelle du peuple français se produiront, aussitôt que nos gouvernants s'occuperont de la protection et du développement des intérêts privés et communs des patrons et ouvriers de l'activité nationale, — au lieu de gérer simplement la fortune publique comme leurs devanciers. Alors, les crimes, vols et assassinats cesseront peu à peu, au lieu d'augmenter autant en nombre qu'ils le font périodiquement depuis une vingtaine d'années.

En définitive : — Les diverses sectes de politiciens ne sont influentes sur les populations, les unes sur les patrons, les autres sur les ouvriers, — que parce que ces sectes ont l'air de s'occuper des différents intérêts de leurs clients ; — intérêts qui semblent abandonnés par les divers gouvernants qui passent au pouvoir depuis longtemps ; — et pourtant :

L'organisation des intérêts producteurs représente le grand secret de la science des sociétés, c'est-à-dire celui de la véritable puissance gouvernementale.

En attendant que les classes élevées s'occupent d'organiser les intérêts producteurs, et pour faire venir plus vite ce moment désirable, il faudrait fonder un organe pour répandre l'idée collective.

Un journal quotidien à deux formats qui traiterait savamment et adroitement jour par jour les intéressantes questions sociales esquissées dans le présent volume ; — ce journal, dis-je, aurait autant de lecteurs assidus qu'il y a de Français intelligents dans notre pays.

Paris, 6 octobre 1882.

TABLE DES MATIÈRES

F. Aureau. — Imprimerie de Lagny.

www.ingramcontent.com/pod-product-compliance
Ingram Content Group UK Ltd.
Pitfield, Milton Keynes, MK11 3LW, UK
UKHW020150200726
13856UKWH00003B/923

9 782013 366601